Team Chain

若想要感覺安全無虞，
去做本來就會做的事；
若想要真正成長，
那就要挑戰能力的極限，
也就是暫時地失去安全感…
所以…
當你不能確定你自己在做什麼時，
起碼要知道，你正在成長。
~馬克吐溫~

If you want to feel secure
do what you already know how to do.

But if you want to grow…
go to the cutting edge of your competence,
which means a temporaryloss of security.

So …whenever you don't quite know you're doing.
Know that you are growing.

~Mark Twain~

探索，才能開啟心靈未知的潛能

體驗，才能自我察覺再造生命力

團隊，才能卓越領導展現1+1綜效

You can discover more about a person in an hour of play than in a year of conversation

--by Plato

體驗！是最有效的學習。

當你閱讀時，你獲得知識；

當你行動時，你獲得經驗；

當你深省時，你會瞭解知識和經驗真正的內涵！

這個地方比我來的時候

更美麗了，因為我努力過了，也愛過了

--by Albert Schweitzer

發現探索力

多元探索課程 X 活動應用實務

中國青年救國團 編著者
中國青年救國團活動處 探索教育中心 總策畫
黃正旭、王群元、朱麗葉、廖啟豪 審 訂

推薦序

用正向的生命去影響未來的青年生命

救國團主任 葛永光

近年來因為教育改革開放，使校園除了以學科為主的學習之外，更開啟了以重視生活體驗學習為主的課程，新的學習模式如雨後春筍般的出現，許多擁有熱情的基層老師一同開啟了草根教改、一群想用DFC（Design For Change）教學法的老師，開始點燃孩童的自主學習能力，種種改變，都看得出『教育不應該也不只是知識而已』，而是「留心處處皆學問」！古人云：「落花水面皆文章」，不只是一種生活態度，更是一種生活經驗的反思。

探索教育的精神，在引導我們需有自我認知，覺察人與人、人與團隊、人與環境的定位關係，可應用於生命教育、兩性教育、環境教育、人權教育等．而企業在競爭激烈的壓力下，也不斷的藉著探索教育活動，體驗以認識、溝通、衝突處理、合作、信任、責任為主的階段學習，進而體驗團隊建立的技巧與發展要素，藉此激勵同仁凝聚更強的共識、發揮更大的潛能、創造更高的績效．上述這些以活動為媒介，以體驗為導向，以反思為目標，以改善不良自我為行動，以團隊經營為食物的學習，即是當前引自美國探索教育之精髓。

救國團在這數十年中，將探索教育精神內化到營隊活動、戶外休憩、基層服務、企業組訓等許多不同面向的服務，我們精選了以冒險挑戰、青年探索、翻轉教室、學習型組織為主題的四個篇幅，來分享探索教育的故事，各篇概念如下：

- 冒險挑戰：鼓勵成員走出舒適圈，要成長必須經過冒險挑戰，而夥伴就是支持的力量，與團隊攜手並進，同甘共苦，獲得的成果是甘甜的、令人回味無窮的。
- 青年探索：從過去青年工作的領導者、諮詢者的角色，轉型為青年陪伴者，用探索的精神學習如何思考，引領青年思考未來、思考現在、思考我們如何變得更好。
- 翻轉教室：求知欲，好奇心—這是人的永恆的，不可改變的特性。好奇心在哪裡，教室就可以出現在哪裡，滿足學生的求知欲，不一定要馬上告訴他答案，而是引導他如何自己去找尋正確答案。
- 學習型組織：企業與組織應變與革新的根本之道：一顆「永不滿足於現狀」的學習心，如何藉由探索教育，建立共享願景：確立成員共同想要追求的未來，保持彈性，是我們想分享給讀者的。

本書希望能夠對探索教育有興趣的初學者，用故事引出興趣，走入探索教育推廣的行列；對已是探索教育推廣的工作者，彼此切磋砥礪，一起同行，讓探索教育的精神傳遞給每個人，用『正向的生命去影響未來的青年生命』，形塑臺灣美好社會的願景。

contents 目錄

發現探索力

多元探索課程 X 活動應用實務

第一章　探索教育的啟蒙與發展

探索教育在臺灣的發展，雖然時間比起歐美來說不算長，
但發展的非常快速，從學術傳播到業界百家爭鳴，短短數十年間，
深深的影響了無數的青年學子及課程參與者，
有重新審視自我的機會，進而探索未來的道路！
讓我們思考一下探索教育對你、對我的價值會是什麼呢？

探索教育啟蒙與發展

壹、緒論

第一節　甚麼是探索教育？

探索就是探討未知，多方尋求答案，從事不確定結果的活動和可能有風險的情況來解決疑問（漢語辭典，2017）。探索教育就是有目的、有計畫執行教育的過程，要使成員具有冒險的風險知覺下來從事教育活動。

探索教育活動課程簡單來講，就是將原來戶外學校的冒險性戶外活動，諸如：攀岩、泛舟、登山、露營等活動，簡化成可以在學校實施的活動課程，只需要簡單的教具，甚至不用教具都可操作。而且由原來的強調體能的活動取向，轉向團體動力的培養與探討。十二年國教「適性發展、培養多元人才」綜合活動領域中的指定單元探索活動，對探索教育課程有簡單而明確的定義：探索教育活動乃是強調體驗學習，並以運用身體學習與情境塑造為特色的系列性團體活動，這些活動旨在透過團體歷程，以發現個別差異，促進相互學習，並加深人我互信，並促進團隊成長。

探索教育是一種哲學和方法，為了增進知識、技能發展和價值澄清，教育者和學習者經由直接的體驗、省思、整合與應用之歷程，而有目的互動。因此探索教育（Adventure Education）又稱為體驗教育（Experience Education），發源於英國外展訓練學校，由德國教育家科漢（Kurt Hahn）創辦，在美國蓬勃發展，目的在協助年輕人完成全人格的訓練，做好開創人生旅程的準備。國內有人譯成突破休閒、主題式冒險，而香港、澳門譯為歷奇教育、大陸則稱為拓展活動。

在二十世紀初，在傳統的教育中強調知識的學習卻缺乏經驗的傳授與累積，導致學生普遍缺乏自我認知、韌性、合作能力及問題解決能力等等，在舊教育哲學的結構和組織不斷的被質疑與挑戰之下，體驗式學習經驗慢慢地被提出與重視，在這樣的環境下出現了三位影響體驗教育發展非常重要的人。

第二節　影響體驗教育的三個人

一、約翰・杜威（John Dewey，一八五九年至一九五二年）：

杜威稱為現代教育之父，其教育學說，深刻的指引了二十世紀教育的走向，尤其是美國及其民主陣營國家的重大教育政策，均受到杜威思想的影響。在美國本土，甚有跟隨著杜威民主思想的教育路線，開展出進步主義的教育運動，徹底的進行一次教育改革。杜威在一九三八年「經驗和教育」一書中特別強調經驗、實驗、有目的的學習、自由和其他等的教育概念，也就是在個人（individual）、社會（society）、思考（thought）、知識（knowledge）之間的「經驗連續」（experience continue），透過做中學（learning by doing）的概念，讓新的經驗不斷地累積成為循環的學習。

二、貝登堡將軍（Robert Baden-Powell，一八五七年至一九四一年）：

一九〇七年貝登堡召集二十位青少年在英國桃山白浪島露營，進行生火、炊事、追蹤、斥堠、自然觀察和急救等訓練之後開始推展童軍，而童軍「活動教育」（ACTIVE EDUCATION）的概念，簡單的說即是「由做中學」，學習某種技巧或知識是達到童軍目的的方法，而這個目的就是教育，也就是體驗教育的模式。

三、科漢（Kurt Hahn，一八八六年至一九七四年）：

一九二〇年科漢擔任塞勒姆城堡學校校長期間相信，學習是需要挑戰的，而挑戰他學生的方式之一是送他們到森林、山脈和海洋去考察。這是多天的旅行，男孩從中學會面對自然的經驗並從中得到智慧，他大力提倡遠征式學習（Expeditionary Learning），也相信學習需要挑戰，遠征可以大大地促進建立人格的力量，通過經驗的學習，使他們能夠超越逆境和克服自己的失敗主義，並學會用他們的力量去服務他人，延續了這份理念創辦了戶外冒險學校，又稱外展訓練學校〈Outward Bound School〉，因此科漢又稱探索教育之父。

他們都有一個共同的特點，就是強調親身體驗的經驗學習，從做中學過程當中去強化人格的建立、提升經驗能力及提升學習者的健康和韌性。

將探索教育活動課程正式納入一般學校課程的是：美國探索教育計畫。一九七一年在美國麻薩諸賽州的漢彌爾頓高中，其校長Jerry Pieh受到戶外學校教育的影響，利用學校的體育課和各科有關老師，在學校舉辦戶外活動課程，其課程目標是要幫助學生變得更活潑、自我覺察、負責任。這種活動課程具創造性，讓學生感覺非常充實，而且是科際整合的課程，課程的時間為一年，從基本的入門活動到建立信心主動發掘問題。初級與高級探索教育活動課程有兩個目標：

一、學生要學習如何在團體中有創意，有效的解決問題。

二、如何突破增進成就發展。

這個課程從體育課程延伸發展到英文、社會科和其他課程都應用這種方法，他們的教學方式如下：

一、強調有計畫。

二、利用團體資源。

三、注重工作進度表，按進度進行。

四、解決所發現的問題。

五、愉悅的學習。

將探索教育活動課程應用到學校之後，教師們發現可以增進學生的自我觀念、信心和責任感，其次可以提昇學生心理、生理平衡和與人合作的技能，並且可以克服學習上的被動、冷漠和旁觀。

五十多年來探索教育活動課程不但與美國學校教育合流，而且傳播到世界許多國家，除了在學校實施外也擴及醫院和觀護機構。目前國內對於探索教育活動課程有大專院校（如臺灣師範大學、國立體育大學、屏東科技大學、臺東大學等）及民間組織在研究及推動，此外國民中小學九年一貫課程綜合活動領域，也有指定單元野外休閒探索活動的列入，充分顯示探索教育活動課程在國內逐漸受到重視。發展方向則有教育、休閒、諮商輔導及企業組織訓練等取向。

貳、探索教育的演進與發展歷史

第一節 探索教育在國外的發展

探索教育發源於二戰英國外展訓練學校，由德國教育家科漢（Kurt Hahn）所創辦，而在美國蓬勃發展。其目的在協助年輕人完成全人格的訓練，做好開創人生旅程的準備。

探索教育組織在國外的發展概況

（一）外展訓練學校〈Outward Bound School〉

科漢（Kurt Hahn）於一九四一年在英國創辦了外展訓練學校（Outward Bound School，OBS），也就是探索教育的發展源頭（Chris Loynes，1990），透過體能及心靈的挑戰，以發展內在的潛能，教學上發展以經驗為基礎的模式，以發展學生的內在潛能，並且妥善的設計活動經驗，以建立學生的自信和更正向的的自我形象（Sale，1992）。訓練員帶領學員去完成一系列緊張、刺激又好玩的活動和任務（Zward，1988）。此時期的教育理念，乃是透過體能和心靈的挑戰在實際教學上，發展一套以經驗教育為基礎的模式，訓練領導者帶領學生而其學校取名為「Outward Bound」，實有深沉的意義。在英國當一艘船要出航，必定會在前二十四小時於該船傳尾升起旗幟，此旗幟代表該船已完成出航前的最後準備與檢查。引用到外展訓練學校，其意義是代表年輕人已完成全人的訓練，將成為獨立自主的社會人。外展訓練學校可說是協助年輕人在戶外透過挑戰性遠征探險，培養參與者的個人成長和社交技能，開創人生旅程做準備（日本OBS，引自陳皆榮）。

（二）美國戶外領導學校（NOLS）

外展學校自英國引進至美國之後，也呈現蓬勃的發展，但接著而來的是訓練員的不足，為了解決此一問題，Paul K.Petzoldt於一九六五年在Lander，Wyoming正式成立美國戶外領導學校（The National Outdoor Leadership School，簡稱NOLS），致力於培訓外展學校領

導人才。現在已發展到非洲、墨西哥、阿拉斯加、華盛頓州和懷俄明州。(Bachert,1990)

NOLS是一非營利組織，其創校之宗旨乃為：減少野外露營時對環境的衝擊和保護、旅遊技能、戶外求生技能、戶外安全觀念、對環境保護的認識與覺醒、探索團體動力(Bachert,1990)。Wood(2001)指出，從一九六五年到現在，NOLS已成為戶外活動和教育的領導組織。

(三)原野教育協會(WEA)

外展學校相繼成立，美國戶外領導學校也已開始擔負起領導者的培育工作，但在一九七〇年代的美國及加拿大的戶外活動界，為了領導人員的認證與課程標準的檢定，曾引起很大的爭議。

Petzoldt在外展學校擔任首席體驗指導員，讓他深此一議題的重要性，因此積極結合大學教授、政府部門官員、與戶外活動組織領導者，於一九七七年在西伊利諾大學成立原野使用教育協會(The Wilderness Use Education Association簡稱WUEA)。一九八〇年改為原野教育協會(The Wilderness Education Association簡稱WEA)(Lupton,1990)。其創立之宗旨在於倡導使用野外資源時，對環境應負起保存與維護的責任，以提升野外活動的品質，並發展一套課程，作為培育戶外領導者認證標準的課程依據。WEA設有三個層次的認證制度和標準，分別是：一是技能(skills)，針對使用者的認證；二是領導(leadership)，針對領導者的認證；三是指導(instruction)，針對指導者的認證。

(四)經驗教育學會(AEE)

從一九七〇年代開始，探索教育在美國已有多個不同領域的組織投入和推展，但卻缺乏一個能整合的組織機構。當時正在發展的外展學校和一些大學等學術機構合作，舉行若干會議討論經驗教育的學習方法，如何運用在各領域及發展。因而順勢在一九七七年整合為一較為專業的組織，就是經驗教育協會（The Association for Experiential Education）。AEE成立之使命為：促進經驗教育，支持經驗教育人員，透過研討會、出版書籍刊物、學術研究、工作坊等方式，進一步發展體驗學習法（Garvey，1990）。

經驗教育協會（AEE）是一個以會員支持為主的國際性學術組織，其成員包含範圍很廣泛，如教育、休閒娛樂、戶外探索活動、心靈健康、青少年服務、管理發展訓練等（www.aee.org/2001）。

（五）探索教育活動（Project Adventure）

由於探索教育在英國實施的結果頗受肯定，一九六二年外展訓練活動引進美國，在科羅拉多州成立第一所學校後，就一直用於教師的訓練，來改善美國的教育制度（Garvey,1990）。

一九七〇年代美國的教育界開始有一些改革的聲音出現，如：戶外活動的課程是否可以運用在傳統的體育課程的教學？學生在體育課中是否可以學到如何在團體中解決問題？同樣也能在生物課中以團隊合作方式上課？學生們在社區中是否能夠協助某些團體解決問題…？因此Jerry Pieh和同僚Gray Baker，將原來只在戶外實施的冒險性活動，如攀岩、泛舟、登山、露營等活動，簡化、改良成可在學校內進行的活動課程，只需簡單的教具，或甚至不用教具都可操作。而且由原來強調體能活動的取向，轉而為培養個人成長與團體動力、團隊效能的學習與探討取向（蔡居澤，2001）。一九七一年Jerry Pieh以「Project Adventure」之名稱（國內有人翻譯為主題式冒險活動或突破休閒活動），提供給美國聯邦政府教育局，後來並成為全國性的方案，融入中等學校的教學活動，並回應教育界的質疑與需求（Dick Prouty,1990）。

第二節 探索教育在臺的發展歷程

一、臺灣自強活動時期

一九五八年八二三砲戰結束，臺灣經濟開始發展，為提升教育水準、改進人力素質、同時增強國防力量與加速經濟發展，而從一九五三年冬令起，救國團因應國際情勢配合政府政策，為了「團結愛國青年，完成中興大業」，舉辦的青年戰鬥活動以提振戰鬥意志，鍛鍊體魄，這與一九四一年科漢當時成立 outward bound 訓練海軍水手目的是一致的。而在國人學生升學壓力日益提高之下，自一九六一年起在寒暑期開辦青年育樂活動來培養青年領導幹部、訓練青年民主素養及參與娛樂活動來減少升學壓力。一九七二年結合政府、軍方單位資源讓青年朋友參與各項寒暑期自強活動，在純樸的社會中，離開家的舒適圈到全國各地認識新朋友、認識新環境，如同一艘從港口啟航的船，引領著青年朋友航向無垠的未來，正是臺灣探索教育精神的開始。

二、探索教育引進臺灣歷程

儘管探索教育在歐美的發展已有悠久的歷史，但臺灣的發展歷史並不長。一九八〇年至一九八二年間，救國團曾嘗試引進並推動探索教育。由於時機並未成熟及缺乏領導團體活動的人才，因此而中斷（沐桂新，1995）。一九九四年救國團沐桂新先生至美短期進修休閒活動管理，回國後以休閒治療為主題撰文發表，首次提到探索教育之相關設施與活動。同年臺師大公訓系嘗試開設國中童子軍教師在職進修班，進行實驗性的教學與實施，又點燃探索教育的火苗（蔡居澤，2001）。一九九五年，金車教育基金會孫慶國執行長至美國參加夏令營的年會，發現美國有許多單位都很重視探索教育活動。隨後在一九九六年，孫執行長兩度參加有關探索教育研討會，體認到此一活動課程可以對國內教育界、休閒活動界、青少年服務機構或心理輔導中心、青少年犯罪矯治機構等單位，產生一些新思維和活動模式。於是在一九九七年，邀請兩位專家來臺作三場示範講習，會後發現參加者反應良好，同年國際發展公司也引進探索教育活動，專注在企業界的團隊發展與建立領域的推廣，為探索教育增加了許多助力。因此於一九九八年國內紛紛組團赴美學習，二〇〇〇年救國團將探索教育列為六大核心工作，成立「探索教育推廣中心」，將此一經驗教育模式引進國內積極推廣，後續於由學界、企業界、非營利組織一起合作於二〇〇六年成立亞洲體驗教育學會（AAEE）、臺灣外展教育中心（Outward Bound Taiwan），在臺灣繼續將探索教育推廣發展。二〇〇八年在謝智謀博士的奔走下，結合兩岸中國大陸、香港、臺灣、澳門等四地相關體驗教育工作者開辦了華人體驗教育會議，在亞洲華人地區為探索教育注入新的刺激與互動以及教學相長的元素。

由上面的簡述可以發現，探索教育的體驗學習模式，已逐漸受到臺灣教育界、非營利組織的青少年輔導工作、企業組織的教育訓練、童子軍、諮商輔導、戶外休閒活動等領域的重視，具有潛在的發展價值，值得國人大力投資與發展。

第二章　探索教育多元應用實例及活動實錄

活動、活動，要活就要動！

在活動中，唯一不變的就是一直在變！

因爲參與者、年齡、心境的不同，我們會探索教育的活動內容，

但不變的是它的核心價值。

用開放的心胸、說真心話的態度、注意自身及夥伴的身心安全、專心於當下課程活動中，

你我就能進入探索教育的世界！

I

冒險挑戰篇 1

自我挑戰、單車環島行（2015 年攝於墾丁風吹砂）

「有些事現在不做，以後就做不了了⋯⋯」

給年輕的靈魂許下一個完成夢想的機會，

用自己的雙腳，挑戰自行車環島，

不再是遙不可及的夢想。

漂鳥精神・燃起挑戰自我的心

李昇衍、王群元

在二〇〇八年「海角七號」電影熱烈上映，其風潮席捲全臺的同時，有另一部國片同時悄悄的上映了——「練習曲」，影片中聽障的主角（由東明相飾演）獨自揹著一把吉他，七天六夜獨自騎著自行車環島，途中騎過的地方、以及各種的經歷輕輕敲醒那顆期待冒險的心，也默默帶動了臺灣自行車環島運動的熱潮。

十九世紀末，德國青年發起漂鳥運動（Wandervoge，Wander 是飄泊，Voge 是鳥），學習候鳥精神，在漫遊於自然中追尋生活的真理，在自然中歷練生活的能力，創造屬於青年的新文化。而臺灣是地球上的一顆明珠，擁有得天獨厚的地理位置，造就了豐富的氣候型態及孕育出令人驚艷的自然景觀；而騎乘自行車旅行是親近臺灣最健康又環保的方式，也最能夠深刻感受自然與人情的脈動。所以要推動單車漂鳥，讓年輕人腳踏鐵騎，走入大自然，從冒險過程中體驗學習，讓他們在自然環境擷取更多的生活智慧，包括警覺、判斷、勇氣、耐力……等等優良性格的鑄成，不只對成長有莫大的助益，更是挑戰自我能力的最大考驗。

馬英九總統更主張，年輕人應以自行車旅行作為「愛臺成年禮」，他說，青少年可在滿十六歲時在住家附近進行一百公里的單車旅行、十八歲時可以進行跨縣市五〇〇公里，二十歲的時候就可以完成環島「愛臺成年禮」，讓臺灣成為綠色交通工具之島。

為服務廣大單車迷，提供給青年朋友學習如何自立自強及在自然中歷練生活的能力，創造屬於臺灣青年的新文化。救國團推動漂鳥精神，讓他們在自然環境擷取更多的生活智慧，包括警覺、判斷、勇氣、耐力……等等優良性格的鑄成，藉由騎單車環島的活動接觸臺灣土地，瞭解鄉土風情，豐富人生閱歷。

然而，成長是每個人所必經的過程，如何使它變得更加充實，由其中學習到更多事物，藉由學習過程中，體會到生命中的不平凡，單車成年禮就是一種不平凡，亦是救國團辦理活動一項創舉，期望能藉由此兼具環境保育與文化傳承意義的活動，跳脫傳統窠臼，以實際行動讓青年朋友，經由活動的洗禮來肯定自己，更加深對臺灣環境的了解，拉近其對土地與本土文化距離。帶領年輕人親近土地，擁抱臺灣，完成此項創舉，共同體會歷程的艱辛，與夥伴共同學習成長。因此，單車環台絕對是一項很有意義的活動，對往後經歷人生的挑戰時，更賦予其勇氣面對。

在一〇六〇期商業週刊裡提到「不要瞎學習，要深學習」，學習沒有專家，自己去體驗，才是最真實的，天涯、海角都是你的教室，在臺灣「深學習」，哪種行程你最想體驗？票選中，「自行車環島，走訪各地臺灣人」衝上了首選，我們將結合各縣市團委會的資源協助所有參加者完成願望。

身為臺灣人必須做的三件壯舉：登玉山、泳渡日月潭與自行車環島，從電影「練習曲」中發現，其實單車環島並不難，也非不可能，漸漸成為很多年輕人的「夢想」，而本團秉持「我們為青年服務，青年為國家服務」之宗旨，希望幫助年輕人「圓夢」為出發點，除了圓夢之外，也把「挑戰自我」、「自我成長」、「人際互動」、「團隊合作」、「領導統御」、「運動強身」甚至是「轉大人、成年禮」等元素融入活動行銷當中，把年輕朋友帶出舒適圈，挑戰自我與學習用自行車來感受臺灣之美。

當初設計自行車環島的構想，源自於在辦裡日月潭森林冒險學校小朋友以自行車環潭為結業的階段任務之後，一直思考下一步要為救國團創造出什麼樣的令人期待又有深度的活動來，是帶領企業探索活動對市場的敏感度使然，因此在活動設計上結合冒險、探索、成長、圓夢的元素，再加入壯遊、漂鳥精神與探索教育來包裝，一個幫助年輕朋友圓夢的計畫儼然形成，成長的腳步更是無法停歇等待的，打著「有些事現在不做，以後就做不了了」的思維，掌握時機 just do it 就對了！

在細部規劃方面，首先參考了許多單車環島前輩的紀錄，確立了九天環島的行程，每梯以二十人左右，每個小時休息一次的頻率，每天以騎一百公里左右來規劃，行程考慮臺北及彰化兩地出發方式，沿著台一縣及台九線的路線執行，第一天由臺北劍潭到新竹，再由新竹到彰化、彰化到新市、新市到枋山、枋山到知本、知本到舞鶴、舞鶴到花蓮和平、花蓮到宜蘭學苑、宜蘭回臺北逆時針環島一圈，沿途除了用自己的力量踏著自行車征服環島的路程外，也隨行安排一部行政車隨時照護、支援，並邀請了救國團所屬彰化、嘉義等各地的義工在各地休息、午餐點來搖旗吶喊、支援餐點、水果飲料等，讓整個環島的行程多了點救國團的溫馨與味道！

在活動記錄方面，隨行的行政人員除了運送行李、用水及備用車外，還充當隨行記者將每天的活動照片、詳實地以部落格方式、FB直播、貼文等讓參加的勇士們的親朋好友能夠即時分享，增加了活動互動的人口與影響力，短短的一個暑假，已將瀏覽人次衝至二萬八千多人，甚至於前梯學員都會過來陪騎加油鼓勵！

在體驗教育設計上，單車環島是一種多元性的教育。它是結合自然生態、人文素養、腳踏車機械技術及全方面訓練課程的配合，瞭解並關切生態資源與環境間的消長關係。我們的目的，是為形塑一個能在臺灣這片美好環境的守護者，使各項體驗活動更蓬勃進步發展，同時默默的貢獻自己的一己之力！

活動安排「L.O.D.(Leader Of Day)」與「學習成功的企管秘訣P.D.C.A.」的概念，勇闖美麗島～單車凸臺灣活動，就是學習漂鳥精神，以單車環島來壯遊臺灣，來執行這次勇闖美麗島任務。

在團隊騎乘的過程中，我們運用PDCA的團體討論法，就是P(PLAN)計劃、D(DO)執行、C(CHECK)確認修正、A(ACTION)行動，透過起程前一天所有夥伴的行程規劃，參照參考資料，一起學習觀看地圖、研擬路線做出計劃路線，再經過當天實際執行勇闖行動，遇到叉路或不確定路線，再次參照地圖確認修正，然後繼續出發行動，一切的過程，都必需仰賴勇敢的冒險精神與團隊領導的信任合作機制，才能完成漂鳥成長的精神，有別於領隊帶領、追求科技裝備的環島團，真正學習到地圖研判、路線規劃、團隊領導、獨立精神、人際關係、解決問題的能力、自我約束力、溝通能力等等的各項能力，讓每一位成員都機會擔任隊長（L.O.D.）帶領團隊完成任務。讓年輕朋友不是跟著騎，而是每天讓年輕朋友輪流擔任領隊，從做中學習領導、被領導、勇敢冒險、錯誤修正等的體驗學習，特別強調團隊與大家都是主角的重要性，過程中一起去探訪臺北、桃園、新竹等…廿個縣市，深入最具特色的在地社區，體驗真正臺灣人的生活，騎單車優遊全臺，認識閩、客村莊古樸的文化及體驗臺灣原住民的傳統文化，這些都是盛夏最「夯」的旅遊體驗學習活動。馬前總統更在政策中提及要讓青年有機會認識鄉土，行遍臺灣，推動「壯遊計畫」，救國團的「鐵騎凸臺灣」可以說是壯遊臺灣的首部曲，就是要給大家認識臺灣、體驗生活的機會，進而培養對臺灣這塊土地的熱情與關懷。

壯遊目的不在於玩樂，而是一種學習「改變自己」的過程，藉此旅遊方式，更深刻的與不同文化接觸及觀察，引發反思、改變原本的價值觀，甚至可成為提升文化的新契機。所以，我們不能沒有國際觀，但要壯遊世界前，必先「壯遊臺灣」。救國團體驗式的壯遊學習活動型態，已經成為許多人認識臺灣的首選，也是「壯遊臺灣」最好的教練場，越來越多人藉此行遍臺灣，重新認識、發現家鄉，體驗真正的臺灣味，同時也培養對社會關懷、熱愛大自然與尊重族群的概念，以及為實踐壯遊夢想作準備。

因此，「鐵騎凸臺灣」單車環島活動不只是與土地連結、認識臺灣多元文化以及結交志同道合的朋友，更重要的是「責任旅遊(Responsible Travel)」的實踐者。在地球暖化、國際間因氣候引發災難之際，更應強調旅行不再是個人浪漫的行動，而是在旅遊的同時，也是責任的開始。

對於參加這個活動的年輕朋友，我們希望是以培養一個領袖、一個領導人物的格局來操作本次活動，希望能讓所有人培養一種立足臺灣、胸懷世界的氣魄，讓臺灣的孩子都有機會在未來「壯遊天下」。

在自行車休閒風潮風起雲湧的時刻，提倡休閒活動的救國團在此時不能缺席，因此規劃設計這個「愛上美麗島—鐵騎凸臺灣」的活動，沿途以自行車征戰臺灣的同時才發現，原來單車環島已蔚為風氣，喜歡當個單車漂鳥的人口已有可觀的人數了！一路上不斷的跟同路或對面的伙伴以及各地在地看到我們的同胞們，都不斷的給我們打氣打招呼，感受到臺灣人的熱情，給我們源源不斷的勇氣與毅力。在完成環島的慶功宴上，感受到勇士們那股完成夢想與自我挑戰成功的喜悅，協助伙伴圓夢的過程，記錄了漂鳥成長的點滴，帶領年輕朋友勇敢的向這塊寶島冒險壯遊，我想這就是當年救國團辦理自強活動給人最大的迴響與感動的地方吧！

回想當初，很榮幸也很興奮，有機會陪同承辦組長完成我人生中的第一次環島路勘，在當時沒有智慧型手機、沒有google map的年代，用紙、筆、紙本地圖和腦袋，努力記下所有路線，也因為王群元總幹事的一句話「辦理單車環島，記住路線是其次，重要的是，如果你沒有親身與學員一起騎車，你怎麼知道學員的感受，是累？是渴？是冷？是熱？」，在二〇〇九年暑假第三梯次擔任領騎，也完成了人生的第一圈自行車環島，沒想到從此之後就結下了不解之緣，從來不曾想過原來自己熱愛自行車運動，至今也已經環島超過六十圈。

一路走來從做中學，從一開始只是單純想把活動辦好，因此不惜重資買了一台不錯的自行車，買車的同時還特別結識了歐盛達美利達旗艦店的技師，幾乎天天下班就去車店報到，學習如何維修自行車，隨著在看到越來越多青年朋友拿到環島完騎獎盃開心與感動的笑容和淚水，自己也越來越有信心和成就感。網路行銷開始後，開始有旅外華僑、台商子女、在台美國人、法國人、日本人、德國人等參加活動，更覺得有挑戰性，同時也花更多錢精進自己的裝備和自行車，正當疲憊失落的時候，苗栗縣鄧副縣長桂菊鼓勵我：「凡事要積極正面思考，要做就要做出自己的、與別人不同的價值」；歐都納程董事長鯤也告訴我：「向環島達人昇衍夥伴致敬，每年都帶了那麼多梯次，你騎的腳踏車里程比許多人的開車里程還遠，救國團有您真好！」；參加過四次環島並成為活動領騎的蔡同學在臉書上寫到：「何謂英雄？默默的幫助別人的人，李昇衍大哥就是英雄啊！」；從五十六歲開始每年至少參加一次已經環島九圈的施大哥也提到：「只有你，能讓救國團辦的活動有意義、有價值，也因為你的付出，讓我和很多年輕人能安全的完成單車環島這樣的夢想，謝謝你讓我愛上這項運動」，在許多長官與學員的支持與鼓勵下，讓我漸漸覺得我有責任繼續將這樣的活動發揚光大，有句話說得很對：「能力越強，責任越大」，除了讓更多青年朋友完成單車環島之外，也希望團裡的同仁，能來感受這樣的活動。

曾有一位律師帶兒子一起來環島，一開始就對我抱持懷疑，想說這麼年輕怎麼可能很有經驗，怎麼能把自己和兒子的生命安全交到「這種人」手中，怎麼救國團都沒有主管級的長官來關心和致詞，只有一個組長來說說話就沒了，這樣的活動安全誰負責，才騎第一天上半天，就吵著要見救國團主任，後來經過我不厭其煩的解說與領騎的安排，還有說明對路線、細節的熟悉安排，終於願意上路，在完成環島挑戰後後，突然跟我道歉，還說明年要帶女兒再來騎一圈，我想，這就是一種被肯定的感覺。

活動中也會觀察參加的學員，體力好肯聽話有能力的，我都會給機會來擔任活動領騎，其中有一位從國中二年級參加第一次環島，至今已經陪我環島十九圈的葉同學，也是本活動僅次於我環島最多圈的人，第一次參加時，一副叛逆的小屁孩樣，媽媽跟我說，在家很叛逆都管不住他，還會對爸媽大小聲，希望出來磨練，交交朋友，起碼會想來騎車環島的孩子不會太壞，希望我好好教他的孩子，經過活動的磨練加上我嚴格的管理，第二年，媽媽有跟我說：『去年回去後，孩子嘴上說的都是：小李說怎樣怎樣，我們都不敢亂來，小李生氣起來很可怕，好像只有我管得住他，希望今年再來參加，如果可以的話，能不能暑假二個月都待在我身邊？』就這樣，第二年開始每年的暑假我就變成葉同學的保母兼老師，現在已經當完兵在工作了，從叛逆的小屁孩變成成熟懂事的大男孩了。

承辦活動的期間，最難的不是記下路線，也不是騎車上坡，更不是活動安全管控的壓力，而是如何放手讓學員擔任L.O.D，並且從中找到未來參與的工作人員，所以每年都在重複找人和訓練，每年都會發生領騎對路線不熟而走錯路，讓學員嘗試從路線安排規劃與錯誤中學習，真正體驗到環島冒險也是一種學習與成長。

在鐵騎壯遊臺灣過程，可以帶領青年朋友探索體驗教育的自我關係（intrapersonal）、人際關係（interpersonal）與環境關係（environmental relation）三種關係，在圓夢同時可以建立自我概念、自我效能與提升自信和靈性外，也可學習到領導、溝通、衝突、制度、文化、合作、信任、問題解決與團隊能力，更可感受人與大自然的關係，培養感激、謙卑和尊重生命的態度等。在未來的日子裡，我們將除了自己圓夢壯遊外，更帶領年輕朋友將觸角延伸到社會關懷一起來服務學習、關懷社會弱勢，當一個壯遊臺灣的快樂單車漂鳥！

累的是身體，豐富的是心靈

影音分享連結

I 冒險挑戰篇 2

日月潭森林冒險學校 - 準備挑戰日月潭 33Km 環湖腳踏車（2015 年）

跟隨著精靈的腳步，我們一起穿越森林，
來到一個充滿愛與關懷的學校。
我們會互相支持面對各種任務的挑戰，
我們會分享生活中的點點滴滴，
我們願意敞開心胸，接受夥伴的意見與提醒，
因爲，我在森林冒險學校學會爲自己負責！

臺灣的堤河邑～日月潭森林冒險學校

王群元、陳奕叡、王寶琦

楔子

「這是一個突破以往救國團自強活動模式的營隊，主要針對在臺灣的教育環境中，很難為學生找尋到好的生命思考、品格教育的課程，因此我們參考紐西蘭堤河邑冒險學校的模式，結合香港 OUTWARD BOUND SCHOOL 的辦學精神，來規劃今年的日月潭　森林冒險學校，輔導員與學員比例高達一比三，與所有參與的工作人員比例更高達一比一，課程內容主要採取AE(Adventure Education)探索教育、卡內爾自然體驗課程以及外展學校冒險課程等，透過有趣、冒險、參與與互動的過程，引導學生去發覺自己生命的狀態及發現自己與他人之間的真實互動和正確的方法。

我們的目的，不只是辦理一個快樂的冬（夏）令營，更重要的是，我們非常注重參與者的感受、成長狀況以及團隊生活、互助合作的學習和面對問題的處理能力，我們結合新時代的網路工具，讓家長可以每天參與、陪伴小孩的生命成長課程，讓小孩在最難忘的生命體驗記憶裡面，有家長一同參與的回憶，因此我們提醒您：「若您每天撥不出三十分鐘，我們婉拒您的小孩參與我們的課程，請您見諒！」這是一段在學員報到時跟所有家長講的話，當天如同開學時的班親會，也如同辦了一場日月潭森林冒險學校的說明會一樣，每個家長抱著期待與不安的心情離開了日月潭，幻想著七天後她們的小孩，會有什麼樣的改變？

序曲

一個令人回味且充滿冒險、刺激、體驗、學習、蛻變與成長的園地，正悄悄的在日月潭湖畔展開……

末世預言書曾說：暗黑大魔王已在此刻降臨

在這個善惡難分，群魔亂舞的時代，黑暗的勢力完全籠罩這片大地，大魔王達魯組織了聲勢浩大的魔王軍，佔領了這片土地上的每一個王國，高壓暴虐的統治讓每個人都痛不欲生，可是各地零星的反對勢力卻無法撼動魔王大軍，無助的人們只好繼續過著水深火熱的生活，但是在這裡，這塊魔王還無法染指的樂土—日月湖畔，為了抵抗大魔王達魯的魔王軍，日月之神召集了所有的冒險勇者，開辦了日月潭森林冒險學校，也召喚了七彩精靈來協助、訓練大家成為一批具備勇氣和能力的勇者，所以從現在開始你（妳）已經成為日月勇士的一份子喔！將藉由七彩精靈的七種力量提升大家的能力。

蘋果紅精靈代表著熱情、柳丁橙精靈代表著互動

香蕉黃精靈代表著活力、檸檬綠精靈代表著意義

藍莓藍精靈代表著正向、百香靛精靈代表著自然、葡萄紫精靈代表著學習

七彩精靈的力量將會使得封存在你身上的勇者力量甦醒，更使大家在冒險中帶給自己和

別人愉快而舒適的感覺喔！

每個精靈的出現，代表著是一種希望，他們帶領著每位日月勇士的成長，也將她們的七種力量潛移默化的移植到她們的內心深處，在全方位價值契約的架構下，訂出了彼此之間的約定，每天的晨間運動，天天都有進步與持之以恆堅持下去，是她們的信念，由精靈們陪著她們騎著自行車，每天增加路程，為的也是替第六天的環湖預作暖身與準備。

第二天的探索教育課程與低空活動中，逐漸建立起這群日月勇士們的共識與默契，而在晚上的汽車夢工廠，更讓他們體會到團隊合作的重要性；第三天進入的中高空課程，是一個挑戰也是一個震撼，許多個兒不到一百四十公分的小朋友，賣力的一步步爬上高空獨木橋，更有許多有懼高症的勇士們，抱著高空擊球的駐台頂端，邊哭邊完成任務，是一大挑戰，更是一種感動，晚上的暗夜矇眼摸索，考驗著指揮的技巧，更學習著被領導的藝術，彼此的信任在黑夜矇眼之中漸漸建立起；第三天的魯賓遜考驗～自力造筏，是日月潭活動的 一大特色，學員在風光明媚的日月畔，從中學習自己建造竹筏，航向潭中的目標，是一個既可親水又可訓練組織運作、團隊合作、激發團隊創意思考與解決問題的能力的活動，雖然其中下水散掉了好幾次，不過在整個過程中，讓所有人上了一課；第四天的無具野炊，是另一種樂趣，自己烤雞、自己做竹筒飯、蛇麵棍、柳丁絞肉以及竹筒貢丸湯還有苦到不行青草茶，令人印象深刻，下午的漆彈攻防戰，是一個高潮，討論著戰術，運用著戰略，考驗著相互支援默契，結束之後，槍林彈雨的情景，還依稀在學員的腦海中久久不散，晚上的食物鏈活動，讓學員的熱情再度奔放，學習著數學的線性代數概念，也為了團隊高分，大家拼命的跑，很累，但也很值得。

期待的第六天終於到了，先來個定向越野活動，走遍了中心的每個角落後，捷安特自行車一字排開，行前教育與叮嚀檢查後，邁向環湖三十三公里的最終考驗，前後導車的維護、精靈們的陪同以及老師們的機動巡邏，浩浩蕩蕩的出發，每個休息點，每是期待，精靈們宣讀著爸爸媽媽寫的鼓勵信，一字一句都深深的影響著勇士們，其中還有外籍學員的全篇英文信，多虧有英研所的嚕啦啦輔導員協助閱讀，讓每一位勇士感動之餘，更賣力的騎完全程的環湖之旅，晚上的營火，伴隨著歡餘與不捨，因為每位勇士已經在日月潭湖畔與所有的精靈彼此之間建立起深厚的情感，接著的暗夜獨處，讓每位伙伴獨自一個人在暗夜漆黑的森林裡，回憶著六天來的點點滴滴與思索著這幾天來對自我的承諾與實踐的情況，對自己做最真實的面對與評價；終於盼到了最後一天，這是家長的心聲，急著來看看自己從未出這麼多天遠門的寶貝，親子日透過溝通地雷的活動，換勇士來指揮父母一下，從中檢視一下平常彼此溝通的品質及讓家長真正靜下心來傾聽一下他們的聲音，在結業式時，家長與勇士們看著多媒體播放著七天活動的剪影，是那麼著真實，又那麼的令人感動，接著聆聽精靈們與老師述說著他們眼中的每一位勇士，以及給他們的鼓勵與建議，讓家長更深刻體會到我們辦學的用心。

總歸而言，日月潭森林冒險學校課程主軸融入體驗式教育的目標與內涵主要是以下四大精神：

（一）Learning by doing：強調身心合一的活動方式與團隊參與，凡事做做看、去經驗、去感受，以自發性行為，在自然法則下，體驗實踐中學習！

（二）Everything for fun：透過有趣、輕鬆的學習模式，讓放鬆的心情，進入更深度、深心靈的深度學習。

（三）Open space：開明的態度、開放的思維，在趣味化情境設計引領之下，解構心智、歸零學習，讓教育實踐的理念，更具體的刻劃在內心深處！

（四）Master：尊重每一位參與者的經驗，強調成員間自發性學習，以挑戰者自願（自己及團體），在彼此尊重之下，彰顯學習的可貴及成長的喜悅！

日月潭森林冒險學校辦理至今已十多年，其間變化自然不在話下，承辦單位、承辦人、講師及協同訓練員的轉變等，但仍秉持探索教育之精神辦理，並且適時調整內容活化營隊，已屬相當成熟之體驗式教育營隊，甚至可為救國團體驗式營隊之標竿，在前輩的經驗傳承及近年來辦理之經驗下，不斷的調整及成長，經由辦學過程中學習解決問題及調整內容，讓活動能夠更完善，辦理前每次的行前路勘、會議、連絡與文書工作皆需做好萬全準備迎接勇士們到來，勇士依然有來自不同國家（日本、美國、馬來西亞、香港、法國、大陸）的孩子，不同的成長環境及個性，均需於活動前一一的了解，並與團隊進行溝通討論，針對學員狀況安排合適的課程強度。

過程中，營隊承辦人除需每日一一確認學員狀況外，亦需了解精靈們的狀況，精靈們除與勇士們相處七天外，還須觀察勇士的學習狀況、身體狀況是否良好，而精靈主要任務為每晚會議中報告勇士的情形及成長的狀況，亦是精靈們透過觀察學員來達到自我成長的學習機會，因頻繁的互動讓家長看到孩子的成長與改變，營隊中均有家長回饋深受感動，這也讓筆者在辦理過程中更加有成就感。

近年加入攀樹及森林定向等新元素戶外課程，讓再次參加的學員能有不同的活動體驗及感受，但戶外課程考驗了承辦團隊臨機應變能力，在日月潭天氣變化速度快，需因應天氣變化調整課程，亦需迅速判斷以利活動之進行，而在筆者辦理這幾年中，因每梯辦理氣候均不同，需隨時注意並適時不斷的與講師、工作人員進行溝通及討論，以確保活動順利進行。日月潭森林冒險學校在行前周全準備、活動中持續關注勇士與互動，並於活動結束後所給予的價值及感動，這就是勇士會願意再次參與的原因。

辦理印象最深刻的是，某一梯次辦理當日，氣象局發佈海上颱風警報，不斷接收到家長詢問是否正常辦理之電話，因其對臺灣影響不大，在安全無虞下正常辦理，但日月潭仍受到雨勢的影響，每日均需觀察天氣進行課程調整為一大考驗，第三日前往營地露營時，雨勢漸大，入夜後因雨勢過大而撤回日月潭青年活動中心，對於工作團隊可說是緊張且得立即應變下正確判斷的過程，但當下學員們卻因此興奮，團隊氣氛更加融洽，彼此合作順利回去中心，並且在隔日的家書中描述讓家人得知這特別的經歷，變化雖然是挑戰，亦是可遇不可求的。

學員中曾有一位勇士是亞斯柏格症的孩子，在活動中，努力嘗試每項活動、戰勝自我恐懼，勇敢完成高空擊球的挑戰，並與勇士們自信之互動；在親子日中，家長回饋，表示因從小放手讓孩子去嘗試，造就孩子的勇敢及成長，父母亦從勇士的身上學習克服自身的不足，因要放膽去試從未經歷的挑戰。

另一個印象深刻的事，為一對姊弟一同來參加日月潭森林冒險學校，因課程中有項活動為三十三公里腳踏車環潭，因平時僅在校園中騎乘腳踏車，對此在活動前相當恐懼，營隊期間練習雖有進步，但仍需加強訓練，在實際進行當日，全程雨勢不斷，仍有毅力的騎完全程不放棄，過程中勇士間互相的激勵，克服困難，家長回饋感謝團隊努力而讓孩子勇於突破，而勇士們由從一開始的互相磨合，到最後相約明年再次參加森林冒險學校，讓工作團隊為此感到滿滿的成就，日月潭森林冒險學校之所以讓勇士感動，讓家長願意再次為孩子報名，甚至告知其親朋好友，主要是在這七天的活動中，孩子會透過不斷的團體反思及回饋，逐漸成長，一天比一天更進步，且在這安全無虞，願意放手讓孩子去嘗試，當然除了勇士們的努力，亦得有服務員及講師的協助才能使營隊更完整，相信未來該營隊會愈來愈好，吸引更多不同背景、不同國籍勇士共同參與日月潭森林冒險學校，一同戰勝自己心中的大魔王。

日月潭森林冒險學校，在校長、學務長與所有工作同仁、老師及嚕啦啦精靈們共同的努力下，完成了獨立辦學的任務，家長、學員及所有參與者的迴響，就是我們最大的收穫，也讓日月潭森林冒險學校寫下了許多令人回憶的詩篇。

展翅後的迴響

這是一個與家長及學員高度互動的一個營隊，開辦前期以雅虎部落格模式架站，每天都要趕著在晚上十點鐘前將所有學員當天的活動與成長互動狀況，輸入網站，甚至於由於大家搶著將資料與照片上傳，造成流量過大而當機的危機處理，臨時在無名小站馬上架個備用部落格來權充，再緊急一一通知家長目前處理狀況，都看得出我們的用心與重視。有些家長甚至於九點不到時，就等不及打電話來詢問他們家小孩的資料怎麼還沒上傳上網站，透過網路，讓我們更貼近家長，也得到共多的互動，而且這些互動將一直延續下去。而活動網站歷經部落格、痞客邦、隨意窩演變至現在的臉書粉絲團，利用資料夾將孩子活動相片及每日成長日誌分門別類，讓家長可快速瀏覽自己的孩子成長狀況並留言予以鼓勵，透過網路及學員實際體驗進行口碑宣傳，讓更多不同背景及國籍的孩子加入日月潭森林冒險學校，一同打敗心中的達魯大魔王。

迴響篇

以下是在網頁中家長及老師的迴響：

迴響一：

精靈老師們好：

我是耘頡的媽媽，我們對您們有很多的感激，無法當天一一答謝，就用這封信表達。

耘頡是我們的長子，沒有教養的經驗，只知道不要犯自己以前成長的錯，所以一切照書養。一路上有很多疑惑，放手不放手之間有很多遲疑，放手太多，得承受其他人的評論（顯得媽媽不盡責），不放手，又擔心養出一個草莓怪物。我很高興在冒險學校找到知音和答案，讓我確定應該用更開放自主的空間來教養耘頡。

有一幕景讓我們很感動。因為路途遠，所以我們前一天下午就順便遊覽日月潭，夜宿活動中心。就在環湖中間，竟然碰到了隊伍，我們趕緊找岔路把車藏好，一家三口躲在樹叢裡，就怕被看到後，小孩就「崩潰」了。當我們看到一群大大小小的孩子，認命的背著大背包，努力地往上坡踩，我的眼淚差點就掉下來！放手後他們反而更勇敢！

相信所有的活動都會給耘頡帶來自信和受用不盡的回憶，耘頡回家後，變得更懂事了，他是家族五個妹妹的大哥哥，我發現他學到很好調解紛爭的技巧，對自己的事也更主動了。

我偷聽到他跟乾媽的電話，口沫橫飛地描述整個活動，聽得出來，這將視他這一輩子最受用的一堂課。

謝謝精靈老師們的用心，透過你們，讓我們更認識耘頡！

by 耘頡媽媽

迴響二：

我們能給孩子的，只有知識；孩子能給我們的，卻是人生！

回到塵世中，已經好幾天了。一直很想寫些什麼東西出來，思緒卻非常紛亂個不停。很多很多的感覺，對服務員的，對學員的，對自己的，對活動的。記不起過去帶活動都是些什麼感覺，都是怎樣的感動。我只知道當學員們在執行高空擊球的時候，我好想哭，而親子日，影片回顧到第三天的時候，我早已淚流滿面。想起了當時站在木樁下拼命壓抑想哭情緒的我，想起了當時在底下，不停鼓勵著學員而且非常投入的阿鵬，想起了當時哭著爬上去的愛苓、以昇等等人，想起了當時嘴上說不敢，最後仍然爬到最上頭的旻冠。如果沒有記錯，這是我第一次帶小孩子的高空擊球，從前看過太多大人沒有勇氣爬上去，就連是我自己在示範的時候，都是四肢顫抖的爬上去。而這一群二十四個小孩子，我根本沒有預期他們會全部爬上去。尤其裡頭有一堆孩子身高不到一百五十公分，有一堆孩子有懼高症。

當時沒有想太多，我只告訴所有人，這一次，我們要挑戰克服的是自己的恐懼，而我們的目標是爬到最上面。很自豪的是，所有的人都做到了。那些國一的大哥哥大姊姊們做到了，我們國小四年級五年級，身高不到一百五十公分的小弟弟小妹妹也做到了。那些大膽的孩子做到了，我們這些號稱有懼高症的每一個也做到了。沒有人選擇放棄，沒有人選擇逃避，雖然有些個孩子哭了，但是他們還是一邊流著淚一邊完成任務。我站在底下，一直很想哭。那種想哭的感覺，並不是因為看到他們的眼淚而心疼的想哭，而是一種打從心底的驕傲。很驕傲這群孩子的成就，很驕傲在他們克服自己恐懼，並一步一步成長的時刻，我在他們的身邊。同時也覺得自己很幸福，因為這些孩子的父母親，為了要讓孩子成長而在這個時候放手，因為他們擁有放手的智慧，才能夠讓我看到，這些沒有雙親羽翼庇護的孩子們，飛翔在天空中的那一幕是這麼的令人感動以及驕傲。

自行車環潭那天也是，大大小小的孩子們，騎著大大小小的腳踏車、淑女車、娃娃車，每一下都踩得這麼用力，踩得這麼理所當然，沒有人覺得應該放棄，就連不小心摔傷了，也沒有半句抱怨或是半點撒嬌，不等服務員趕到身邊，他們自己懂得自己爬起來，拍拍身上的灰塵，騎上腳踏車再上路。他們就像成熟的大人一樣，為自己的任務負責，不會動不動就找服務員求救，他們懂得凡事先自己試著做做看。一路上有輕鬆有疲累，有順利當然也會一不小心摔下車，但是他們全都積極面對。過去帶孩子的經驗告訴我，這樣的活動，必定會處理孩子的各種大小問題而疲於奔命。但是，顯然我低估這群孩子了。這一路，沒有人因為太累想放棄而纏著服務員，沒有人因為受了點小傷而哭著不想繼續，他們每一張勇敢、堅毅、認真、努力而又稚氣的臉龐，讓我忘了身體上的疲累，讓我忘了這幾天的睡眠不足，讓我忘了我曾經是這麼的不喜歡小孩子。

親子日結束的時候，很多孩子帶著爸爸媽媽來向我道別說感謝。而我的感受仍像當時送話時一樣：「這幾天真的非常的感謝這二十四位同學們，以及栽培出這些小勇士們的家長們。因為我從同學們身上所得到的，看到的以及學習到的，比我付出的要多得太多了。」我有種深刻的體會：「我們能給孩子的，只是知識；孩子能給我們的，卻是人生！」在他們的身上，我看到了克服自我恐懼的大無畏精神，看到了為了追求一個目標而全力以赴，不外求藉口說放棄的堅毅，看到了不管身體疲累與否都以笑容面對的樂觀態度。

這七天六夜，我會永遠記在心裡。當哪一天在我追求夢想的過程中，不小心摔了跤，我會告訴自己，拍拍身上的泥土，爬起來再上路！當哪一天，我面臨到無比的恐懼時，我會告訴自己，這是因為要自己爬得更高，看得更廣！當哪一天，我因為身心的疲累而失去了笑容，我會讓自己想起這群可愛的孩子們，在疲累不堪時，笑容還是一樣的燦爛！這一些，都是孩子們告訴我的！我們給他們的，真的只有知識，孩子則用他們的經驗，告訴我們什麼才是人生。

很開心這七天六夜，我在日月潭陪伴這群孩子，和他們一起成長。很謝謝所有的家長們，因為你們放手的智慧，也讓我們受用無窮。

by 小新老師

相信，我們的用心，有一天一定會讓所有人看到與體會到的，藉由上面兩篇的迴響，我們一定更有信心，日月潭森林冒險學校一定會越辦越好的，請大家拭目以待吧！

小勇士團隊漆彈攻防戰

影音分享連結

搜尋人、地點和事物

Jacky Hsieh
泡麵勇士，能夠幫助別人，感覺很棒吧!!!
星期一下午10:09・讚・回覆・訊息

徐惠珍
越來越投入， 享受當下，好好玩喔
星期一下午11:01・讚・回覆・訊息

以日月潭森林冒險學校的身分回覆

日月潭森林冒險學校
不知不覺時間已經來到活動的最後一天，泡麵勇士在早上的「溝通地雷」中，很努力的指引爸爸方向，讓爸爸能夠成功的達到目標！
在這七天六夜的過程中，泡麵勇士從原本講話時支支吾吾，到現在可以拿著麥克風在台上發表，相信泡麵勇士一定有不少成長，期待在未來的日子泡麵勇士也能夠越來越好唷！
藍莓藍精靈-黑熊
昨天下午3:57・讚・回覆・2

徐惠珍
謝謝你們。我看到他的轉變，也期待他越來越好
昨天下午6:02・讚・回覆・訊息
殷也婷和其他25人

沈瓊瑛
感謝你們的用心與照顧、讓他進步很多。
一見到爸媽就說下次還要參加，這是最大突破。謝謝辛苦了
昨天下午4:21・讚・回覆・訊息・2

以日月潭森林冒險學校的身分回覆

日月潭森林冒險學校
今天是日月潭森林冒險學校的第一天，在名聲飛揚的活動中哞老師要大家想一個這七天要使用的綽號，承佑勇士說他最愛水餃，於是為自己取名為水餃勇士。剛開始破冰時跟大家很陌生，話也不多，後來開始討論起如何完成快速記憶姓名挑戰時，他卻能明確的表達出意見，可見他是很有想法與目標的孩子，只是在陌生的群體裡顯得害羞。吃完晚飯後，也許是有點累了，上課顯少發言，但在投票表決時還是很踴躍的舉手，也很配合課程的內容！希望在未來的幾天水餃勇士能越來越適應群體生活！
蘋果紅精靈 老虎
8月13日下午10:08・讚・回覆・1
林碧芬
親愛的百香靛精靈，獅子 要特別謝謝您這七天來的陪伴，並且為我們的孩子仔細紀錄了活動中的點點滴滴，透過您的眼睛，我們看到了Void從羞澀矜持慢慢地放開心胸，綻露笑容！每一張圖我都仔仔細細下載下來，留著回到上海和朋友同學分享！謝謝你們的用心，你們是我們參加過的夏令營裡最棒的一個！謝謝！
星期五下午9:27・讚・回覆・訊息

Sam Chen

星期五下午9:34・讚・回覆・訊息

Sam Chen
就是啊……void 爸也要來說感謝獅子的用心和耐心。這下子真的void 變成join 了。好捧啊！還要呼朋引伴。好東西是必須分享的。真的是太難得了！ 謝謝你

讚　留言　分享

已觸及170人 ›　加強推廣貼文

你、林詠程和其他14人

Kerry Chiu
謝謝精靈們的體力，忍受這群超活力的勇士們！
昨天上午2:52・讚・回覆・訊息

以日月潭森林冒險學校的身分回覆

陳夢華
恭喜各位勇士完成挑戰環湖33k成功,也謝謝精靈們的帶領,
讓這羣勇士們能完成環湖的壯舉.
星期五下午9:52・讚・回覆・訊息・2

I 冒險挑戰篇 3

玉山——臺灣最高也是東北亞第一高峰
它是臺灣人心目中的聖山
氤氳聳立　可望而不可及
直聳雲霄　傲視群山　孤高挺拔　動人心魄
渾然如玉　氣勢雄偉　心清如玉　義重如山
讓我們以仰慕者的謙沖心懷
行走攀爬在祂廣闊的胸膛　迎向那姿態瀟灑的頂峰

領略玉山之美・體驗自然探索

登山不只是體力的付出，更是心靈上的成長！

黃宏宇　戴岳樵

緣起

自從十八世紀末，人類的足跡踏上玉山之巔後。挑戰東北亞最高峰的人潮絡繹不絕。救國團自一九五八年開始辦理『玉山登峰隊』至今已經將近六十年的時間，在許多山岳界前輩的辛苦耕耘之下，帶領了成千上萬的青年學子走過蜿蜒山路，登上臺灣之巔。

從最早乘著阿里山小火車一路顛簸到東埔，再從東埔徒步上山；到搭著軍用卡車、夜宿學校教室；沿途還需要揹著沉重的睡袋跟團體公糧。一直到現今可以舒適地搭乘遊覽車抵達上東埔停車場，還有專業的協作人員處理食宿。攀登玉山舒適的程度早已不可同日而語。

攀登玉山的目的從早期的『高山向我低頭』演變到今日的『跟自己對話』。活動名稱也從『玉山登峰隊』改為『玉山之美—生態體驗探索隊』。

一九八五年玉山國家公園成立後。因應排雲山莊床位有限，需要抽籤。早期一個暑假可以連續辦理二、三十梯次活動的盛景不再。『玉山之美—生態體驗探索隊』的對象也從一般青年學子逐步轉變為學校、社團或是企業…等組織型購買者。

千里之行，始於足下

隨著時代的變遷，登山目的改變。我們也不斷地在登山活動中加入新的元素，讓活動不斷地與時俱進。

在臺灣這座三萬六千平方公里的小島上，遍布著二百六十八座海拔三千公尺以上的高山，山林佔了臺灣一半以上的面積。卻因為不了解、不認識而造成山難頻傳，讓山區變成了禁區。『玉山之美—生態體驗探索隊』有別於其他探索教育課程，我們在高山上探索著這片土地，也探索著自己。原來這片土地是如此的雄偉、如此的美麗！原來我們是如此的脆弱、如此的渺小。我們從一直被忽略的『面山教育』重新做起，從面對大自然，到面對自己的人生。山，就是最好的老師。

『玉山之美—生態體驗探索隊』在活動規畫的主軸上可以分為三個大方向。

（一）環境教育：爬山，要先了解山。

透過影片、沿途的解說，讓學員認識所見的花草鳥獸、動植物生態、玉山的人文歷史。融入無痕山林、生物多樣性、動植物保育、水土保持、責任旅遊⋯等議題與學員一起討論、分享。

（二）山野教育：自己，是安全的最終負責人

結合實地走訪，學習登山裝備的使用、實踐登山技能、落實各項風險管理，如何保護自己。

（三）生命教育：啟發生命智慧，深化價值反省

尊重多元的價值觀，重視體驗與分享；培養成熟的思維與判斷力，分工合作、解決問題。

對我們而言，玉山隊並不是等到學員報到才算開始。而是當承辦人員與學員接觸的第一時間就已經開始。登山畢竟是屬於高風險的活動，為了讓學員可以安心，也對整個活動多一分了解。所以我們不辭千里的到學員所在地辦理行前說明會。從裝備的檢整、選購；溫度、高度的變化；路線與環境的介紹…等等，逐一的說明，解答學員的疑問。

為了落實『無痕山林』的行動準則。學員報到後會再有一個簡單的說明以及分配行動糧的工作，以強化學員在活動中『對自己負責』的概念。

在驅車前往阿里山青年活動中心的途中也特別播放跟登山安全及玉山有關的影片，加深學員對環境與安全的認識。

在阿里山中心用過晚餐後，安排了一至兩小時的領隊時間。再次協助學員檢整裝備，並讓學員與工作人員可以互相熟絡。在這個時間也會與學員進行第一次的分享，主題是：你為什麼想要來爬玉山？透過這次的活動，你想得到甚麼？

第二天在用過早餐後，驅車前往上東埔停車場。途中會在自忠稍事休息，順道向土地山神稟報，以簡單的儀式表達對土地的敬重。

從塔塔加的玉山登山口（海拔二千六百一〇公尺）起登，到排雲山莊（海拔三千四百〇二公尺）路程約八點五公里，上升高度約八百公尺。對學員的精神及體力都是一大考驗，尤其是抵達山莊前的最後二百階石階更是舉步維艱。高海拔山區氣候多變，春夏季午後常有午後雷陣雨。在這段五至六小時的步行過程中，學員必須學著調整步伐與呼吸、照

顧身邊認識或是不認識的隊友、隨時準備面對瞬息萬變的氣候。正如登頂逾三百次的洪明郎老師所言：我們可以幫助你，但你還是必須靠自己的雙腳走完這段路。

抵達排雲山莊到晚餐之間的兩小時，是學員拍照、放鬆、適應海拔的時間。山莊的晚餐雖然不比平地的餐廳豐盛，但是在疲勞與飢餓的調味之下，學員們莫不吃得津津有味。晚餐之後還會有一個簡短的時間，讓學員可以分享今天這八點五公里的所見、所聞和感想。

雖然當晚因為高原反應的影響，一定會徹夜難眠。但是為了隔天美麗的日出，還是要提早就寢。

第三天，凌晨二至三點。學員們就必須起床整裝，準備登頂。由排雲山莊到玉山主峰，短短二點四公里，海拔攀升五百五十公尺，比 101 大樓還高。加上睡眠不足、空氣稀薄，只能靠著頭燈和星光在懸崖峭壁間手腳並用、摸黑前進。在在考驗著學員們的體力與意志力。如果遇到天候不佳，更是辛苦萬分。但是當喘著大氣踏上主峰後，看著太陽從遠方的中央山脈升起，北望雪山山脈，南眺北大武山，回頭看著玉山的影子…眼前的美景會告訴你，這一路的辛苦都是值得的。

俗諺有云：上山容易，下山難。回到山莊後，用餐、整理行囊、把山莊恢復成原狀。接著準備迎接最後的挑戰－下山。拖著疲憊的身軀、揹著沉重的背包、忍著腳底與膝蓋的疼痛，一步一步往山下走。只有平安回到家，這次的挑戰才算是圓滿完成。

返抵上東埔停車場後，簡單的梳洗、更衣，打個電話回家報平安。喝杯汽水、再吃碗熱呼呼的泡麵，真是人生一大享受。在回程的遊覽車上，分享這三天的心路歷程：哪個路段印象最深刻？看到了甚麼？學到了甚麼？有甚麼話想對身邊的伙伴說？然後在搖晃的山路上沉沉睡去，為這三天的旅程畫下美好的句點。

到達山頂只是中途，下山的路要更加小心

帶領學員攀登玉山多次有苦有樂，面對學員，也重新面對自己。這一路走來，走過風雨交加，也走過冰天雪地，成長最多的其實還是自己。

曾經陪著新港媽祖登頂，也曾在排雲山莊巧遇馬前總統。每一次在山莊、在遊覽車上與學員的互動與分享中，都可以有不同的收穫。

曾經在帶領畢業生登頂的過程中，因為風雨交加、天候惡劣。在峰頂只剩下最後 200 公尺，卻連站都站不穩的風口勸退隊伍。才知道撤退比前進更需要勇氣。

也曾經在颱風步步逼近的情況下，抵達山莊稍事休息後，馬上登頂。當晚海上颱風警報發布，我們成為當天山莊唯一登頂的隊伍。

也曾在半夜遇到學員急性高山症發作緊急後送，連夜揹著學員回到登山口搭救護車後，再一個人摸黑走八點五公里的山路回山莊。

可能是因為處在極限的環境之下，讓人可以重新去檢視自己，也讓人願意與你分享他生命中的點點滴滴。

繼續走，前頭必有美好風景

辦理玉山活動多次，除了自己有所成長，也從學員身上得到了許多回饋。

在排雲山莊，綿延不斷的雨勢，同行山友高原反應失溫、路況不明，加上體力能否負荷等種種因素，也造成隔天不攻頂的初步決定。大家內心不免煎熬、掙扎，都已來到

三千四百〇二公尺的排雲山莊，僅僅二點四公里、來回約四小時路程，倘若就此放棄難免遺憾。索性，晚上九點多，雨勢乍停，星星露臉，心情舒坦，遠眺台南夜景，清晰美麗絕倫，幸運之神再次眷顧我們。隔天清晨五點多，在晨曦愛撫與鼓舞之下，四位領隊決定利用此一千載難逢的機會攻頂，終於在五時五十分奮勇出發，雖僅僅二點四公里的路程，卻有五百五十公尺的落差，多數伙伴手腳並用連滾帶爬，氣喘噓噓，僅以眼光相互交會打氣；八點左右，全體隊員陸續登上臺灣第一高峰—玉山，彼此間把手鼓勵、慶賀，攻頂成功的歡呼聲，響徹雲霄；也由於受到聖帕颱風影響，把臺灣低壓氣流淨空，此時的玉山，晴空萬里，一片湛藍，幽靜蒼翠，如詩如畫；在『玉山』主峰合影留念後，依依不捨的下山。

By 辛雲光

六月三十日清晨二時三十分，吃過簡單的早餐後，全部登頂人員從山莊後山出發，每個人頭頂上都帶著一個LED燈，整個玉山頂部，由下往上看，月亮及星星就像掛在玉山頂峯上的大小水晶燈飾；每個人頭頂上的燈光在漆黑的夜晚中，由上往下看，形成一條長長不規則「之」字型的亮光，真是夜晚攀登玉山頂峰前的一個奇觀。由排雲山莊到玉山頂峰，高度是由三千四百多公尺到三千九百五十二公尺只有五百多公尺，路程是二點五公里，因此，從山莊一出發，就是爬坡而且坡度越來越陡，體力不好的或當日身体狀況不佳，這一段路可能就很吃力，甚至可能放棄。我們走到近山頂二百公尺處是凌晨四時，因天還未亮，就在那裡休息聊天，直到天邊的曙光初露，才一口氣的登頂，爬上頂峯，舉目所望景色，幾個月的努力鍛鍊終得一償宿願。

此番玉山行，老天幫助很大，只有在回程，將抵達登山口處的最後不到一分鐘才下起一場豪大的午後熱雷雨；其實，上玉山體力是一回事，整個路程，在天氣好時只要是稍加注意都是危而不險；但天候不佳時，就處處充滿危機；沿途也發現爬玉山也要感謝前人，他們把這麼險峻的山，開闢道路、架設了八十多處橋，讓我們輕易的就可以到達。上山看到山的雄偉、壯麗及險峻，走在山間和親人互相扶持和朋友互相幫助、敍舊談心，和上山和下山的山友互相打氣、鼓勵，使這段旅程成為知識之旅、友誼之旅及感恩之旅。

By 偕進義

抵達排雲山莊稍作休息後，趁著身體還有電，順著前輩們的邀約，就傻傻一鼓作氣地跟著往主峰衝了！體力的下滑和海拔的上升，都讓這段登頂路比早上來得辛苦許多；一路手腳並用地上山，尤其後段的碎石路與登頂前的六十公尺爬升，更是對我們意志力的考驗。終於踏上頂峰看到標高三千九百五十二公尺的那刻，簡直都要哭了，其實原本以為自己會是極度興奮的，但或許是從沒料到自己能有這樣的氣力，從登山口到了這個位置，身體竟不由自主地起了一股近似雞皮疙瘩的感受⋯

在頂峰匆匆地拍了照，下山的時候約莫是下午五點，雲系氣流開始有了更明顯劇烈的變化，冷霧、降雨、落山風接連出現，此時也見識到了玉山帶給人類的考驗；但山景的瞬息萬變、忽而隱現的夕陽，仍帶來了片刻的驚喜與我們的多次讚嘆！

好不可思議地實現了自己心中一直存放著的登上臺灣之巔的夢想，其實山就這麼恆常地矗立著，走訪一次後更加地認知到自己的渺小與人類生命的短暫，卻也感謝著能有這次的經歷與成就感，讓我覺得勇氣倍增，對自己更有信心。

我真的十分喜愛這次的拜訪，謝謝玉山，謝謝前輩與夥伴們，謝謝自己！

By 李純慶

透過這樣的一個活動，我們帶領許多人登上玉山，也結交了許多的朋友。透過分享、一起生活，跟他們一起重新認識這片土地，欣賞臺灣的美。

就像活動結束我們常對學員所說的一句話：**下次，山上再見吧！**

2016 年暑・第 22 期・大專探索教育訓練員培訓營（攝於台中市團委會）

Ⅱ 青年探索篇 1

時間就好像是許多旅程組合而成，
在這趟為期四天的探索旅程中，我們想送給青年朋友的禮物是「對話」，
從第一天開始學習個人與團隊的對話，提升到個人與夥伴的對話，
最後達到個人與自己的對話，
就是希望青年朋友能自在地表達自我，
用開放的態度面對未來新的人事物，
走出現在生活的舒適圈，迎向挑戰！

用生命影響生命 × 打造青年世代的體驗平台

沈儷珍

前言

近年來探索教育、體驗式培訓在各先進國家皆引起學習熱潮，透過情境式的培訓，再加上專業的引導與輔導技巧，能幫助人們從經驗中學習成長，二〇一〇年開始開辦救國團大專學生探索教育訓練員培訓營，迄今已訓練近一千多名大專學生開始接觸探索教育，學習這個工具，更有許多大專青年學子運用體驗教育在工作中、在生活中，透過不同方式對話，大專探索給予一個體驗學習的平臺，做中學的精神，只要你有執行力，有新的活動想要帶領，就可以來大專探索，如果你想要更深入了解每個不同的帶領風格，可以透過後續見習的機會觀摩見習，讓自己看得更多學得更多，未來可擔任各級學校探索教育課程訓練員及各大企業體驗式訓練課程助理，讓你擁有讓人稱羨的訓練專長與實務。被譽為未來最有價值的工作之一。

二〇一四年首次將「大專探索教育訓練員培訓營」課程，結合「亞洲體驗教育學會（AAEE）助理引導員課程」的課程系統，經過四天的「大專探索教育訓練員培訓營」課程，等同參加

「亞洲體驗教育學會（AAEE）助理引導員課程」的資格，可同步進行雙認證，加速未來進行認證的時間及流程，提升未來的競爭力。

活動內容與效益

本營隊強調從體驗活動開始，先行而後知，以學員為主的學習環境，從課程操作來講，就是透過個人在人際活動中充分參與，來獲得個人的經驗，然後在訓練員引導下，成員經差異化過程的觀察反省與對話交流中獲得新的態度信念，並將之整合運用於未來新情境的解決行動方案或策略上，達到目標或願景。

一開始大家抱持著期待走進這個營隊，但是大家非常地陌生，也帶有些許緊張。所以在第一天跟第二天，安排許多探索教育活動體驗，透過趣味及富有意義的遊戲，更從遊戲中學到帶得走的能力，從遊戲中讓團隊更融洽，也可以讓學習者從豐富的引導訓練師中學習第一手經驗的知識的建構。課程如下：

- 第一天 大團隊領導動能：

課程一開始，學員對於課程及團隊非常陌生，所以一開始釐清我們為什麼來這裡？來到一個地方學習是我們的選擇還是被選擇？來這裡的時間很寶貴，我們能夠學習到什麼？一開始建立學員來訓練的學習心態，接著才開始運用團隊動能活動，發現團隊發揮出什麼樣的影響力，活動意涵包含突破困境、關鍵時刻，夥伴開始發揮自己的專注與投入，過程中有大量的失敗，從失敗中不願意放棄，開始產生溝通經驗及團隊分工與合作，在一開始的階段，了解任何事情在成功之前我們會經歷很多很多的失敗，引導團隊建置反思的能力，去思考能夠讓我們享受這樣的失敗，而繼續挑戰成功，是因為有今天這樣的團隊，記住沒有一個團隊會願意陪你去享受失敗了，找出成功的驅力，漸漸團隊開始初步的成形。

- 第二天活動體驗課程：

透過團隊初步形成之後會進行活動體驗，開始導入富有教育意義的體驗教育活動，讓學員開始從做中學了解每個活動的學習點從認識活動、目標設定、團隊溝通、團隊合作、共好跟信任，在活動體驗當中從了解遊戲規則到看見教練的處理及引導方式，根據這個活動所產生的學習點運用到未來。在兩天的營隊當中，可以學習運用十五至十八個體驗教育活動，強化經驗學習圈體驗到反思的過程，並認識可以運用的探索教育多元媒材，也讓團隊從個人逐漸走向團隊，並透過觀察從遊戲中觀察到每個人，是身為一個引導員觀察學習上很重要的一部分。

活動安排形式範例：

認識活動：名聲飛揚、布幕猜人

目標設定：全方位價值契約

團隊溝通合作：小圈繞大圈、整理鋪克牌、齊眉棍

每一期活動體驗課程，會依據團隊歷程不同，事前先調查好需求，隨時調整體驗活動，以符合團隊最佳學習狀態。

- 第三及四天：

體驗教育知識理論架構（結合 AAEE 亞洲體驗教育學會助理引導員課程）

在活動之後，有了經驗後開始深化理論基礎，透過前面所學到的活動延伸傳達理論基礎及實務應用的部分，從理論瞭解是什麼是經驗學習圈、全方位價值契約、自發性挑戰的知識

架構，之後開始學習助理引導員應該具有的知能：如何去引導團體討論、如何觸動及誘發學員對主題的興趣、引導中產生的不同的實例，我們邀請許多不同類型的講師來分享，用團體共同學習法，深化每個人在表達及帶領團隊的能力。

- 夜間工作坊：

城市浪人出走~跨出自己的舒適圈

在熟悉團隊的過程中 我們安排了一趟戶外挑戰的旅程，跨出自己的舒適圈，走出我們熟悉的教室，在不同的區域中，透過挑戰的充滿不確定性與壓力，學習團隊合作，提升挫忍力；從中看見人與人的溫暖，並重新看見自己的價值，這些價值並非以外在堆疊起來，而是被引導出的美好特質，然後，將所學習到的好習慣帶回生活中繼續實踐。

生命之旅~深度反思，看見平常看不見的自己

這是這個營隊的旅途中最後一個夜晚，在天黑的人行步道，透過自己獨處，極端的情境中，如同無法預測的環境變動。打開您的感官知覺，發現平常不易察覺的內在慣性與內在潛能。從黑暗環境中，因而得以移除自我設限，並試著傾聽自己的聲音，並找到最佳的解決方案，展開更大的生命可能性。

真實活動案例×題對話X每日反思

- 活動名稱：每日反思
- 操作內容：根據每天的課程及團隊進程帶領學員反思及整理的過程

• 參與人數：每組十五至十六位
• 反思時間：三十至四十五分鐘
• 第一天 我們身在何方
活動目標：讓學員不斷嘗試和自己對話，向大家介紹自己是甚麼樣的人，以及其特質。
活動簡介：希望能確認學員自己的動機以及學員自己心目中的樣子
活動器材：地標圖、放大鏡圖、彩色筆、放大鏡（特殊）、角色樹、封箱膠
確認自己的動機：你為什麼來參加這個營隊？
分享自己的動機：學員將自己的動機寫在地標上面，全組的人寫在同一張地標上，寫完後向大家分享來的動機。
寫下自己的放大鏡：發下放大鏡，請學員寫下第一天中所觀察到其他學員的個性。今天過了一天，你覺得你的成員是個怎麼樣的人呢？（第一印象）寫完的將各自所寫的放大鏡放在自己的名牌袋裡。
• 第二天 OPEN MY TEAM
繪製屬於自己的地圖與角色樹：
這兩天你觀察你身邊的夥伴，發現他哪些獨特的地方值得你學習？
這四天下來你們要創造出怎麼樣的團隊？
角色樹反思：
請學員看角色樹，思考哪一個角色比較像是團隊中自己這幾天的表現，為什麼？也可以自己創造一個角色。
請學員看角色樹，你期許自己變成角色樹中的哪一個角色，為什麼（領導者、溝通者、

傾聽者）？

你選的角色有沒有符合你心目中的角色，如果不同，你要做出哪些努力成為這樣的角色？如果一樣，請寫下這樣的角色最不擅長的事情，並勇敢的突破它吧！來讓團隊有你而不同。

• 第三天 反思好日子，有你有我

心態&參與度的改變

第一天時，請畫下你在培訓中所在的位置，越中心代表越投入。

第三天時，請畫下你在培訓中所在的位置，越中心代表越投入。

第一天和第三天所在的位置有何變化？你認為為何會有這樣的變化？

上帝創造你的時候，你擁有什麼特質？ 請將第一天的指南針黏上。 經過三天後，你發現自己想要增添什麼樣特質？

• 第四天 探索心發現 - 拼出我們的圖案

探索心旅程 - 發現不一 Young 的心可能

主持人引導全體學員將各組的地圖合為一體，並請輔導員協助。

大團體分享：將地圖拼好後，全體夥伴（含各輔導員）圍成大圓圈坐下來，主持人將改變卡和啟程卡攤開放在地面讓大家各挑選一張，請每位輪流分享：

為何挑選這些卡？並跟大家分享卡片上面的祝福與提醒。

在營隊的發現、有沒有想對夥伴們說的話。

每人一句話總結心得。

主持人引導總結：

請各位夥伴為成圓圈隊形並伸出雙手，牽起左右兩邊其他夥伴的手。

現在大家將自己的右手舉起來，問大家發現了什麼？

將會發現到全體夥伴的手都被舉起來了，這告訴了我們什麼事情呢？

「人生為了遇見風景，也發現驚喜」，相信夥伴們在這四天的探索與體驗，應該都有所收穫和全新的發現吧！剛剛拼完了探索地圖，代表著我們都是二十一期的一家人。

「相逢自是有緣」，因為緣份讓我們能在茫茫人海中齊聚一堂；因為二十一期，讓你我的生命開始有了連結。雖然俗話說天下無不散的筵席，但相信這四天的回憶跟學習都將留存在每一位夥伴的心中，營隊即將告一段落，不過這並非終點，而是另外的新起點，各位拿到的啟程卡跟改變卡將提醒大家將大專探索的精神實踐在各自的生活中，勇往直前繼續朝目標努力。這幾天我們所學到的東西都在這個本子裡，希望大家未來在遇到挫折或困難時，別忘了拿起本子翻出來看看，相信會找到解答的，也可能會有更不一樣的發現喔。

學員回饋：

大專探索第二十二期　蕭瑤

從不認識到認識，交到新朋友

溫暖敞開學習環境，傾聽所有的對話

在四天的營隊中，我從不太清楚體驗教育是什麼的狀況，到以體驗者的角度去學習，漸漸了解引導者需要做哪些事，如何帶反思等，原來遊戲不只是遊戲，它更可以帶給我們更深一層的意涵，甚至是運用到未來的生活中。營隊很神奇的是，可以讓一群原本不相識的人聚在一起，透過活動認識彼此。而這個營隊性質有別以往我參加過的營隊，是一趟學習之旅，而學到的東西可以運用的範圍很廣泛，可以運用在社團、企劃等等方面，凡是需要有領導人的地方都可以運用。雖然在四天的營隊中許多遊戲都是我曾經玩過的，但若沒帶反思或是分享遊戲後的心情，那遊戲就僅此於團康而已，但若更深一層的去討論　，就能夠發現其意義，也能看到不同人的看法。探索教育不同於填鴨式教育，用遊戲讓學員了解我們想傳達的事物。而在這幾天的活動中我們最常發現的問題是溝通，有效的溝通能促使活動順利進行，但這些道理我們都知道，可實行它卻不容易。沒有經過溝通，很容易讓彼此反目，或是團隊失去向心力，經過幾天的洗禮，日後我會更常傾聽他人，如此才能聽取他人的意見，也能讓人感覺受到尊重。而在團體中討論項目的時候，也不會爭先恐後的提意見，不然很容易使人摸不著頭緒，而無法好好進行討論。很開心有機會參與這個營隊，認識體驗教育，也認識很多優秀的人才，相信大家在這四天得到的收穫都很多，也期許自己將這些東西，有效的運用在未來的生活中。

白紙般，盡情地接納筆墨

孩子般，好奇地探索世界

大專探索第二十三期　陳皓揚

拿掉過往的經驗和成就，我們還會剩下些什麼？來到大專探索之前，我告訴自己，不要被過去的經驗，框住學習的廣度，我期許自己像一張純淨的白紙，能夠接納來自四面八方的新鮮；也期許自己能夠像一位三歲的小孩，對待世界唯一的方式是，好奇。於是在冷風徐徐、被窩暖暖的一月尾巴，我來到了位於行天宮捷運站的救國團大樓、五一〇教室，和十八位同學，展開四天，以前不曾有過的體驗。

這次大專探索對我來說，可以從很多不同的角度去切入省思。最開始會來，其實沒有什麼多偉大的初衷，對於未來的焦慮或許是動力之一，同時也嚮往著能夠以更適宜的方式，去表達自己內心的想法，或更有效地，盡一己之力，來幫助有需要的人們，簡而言之就是，成為一個更好的自己。談談這次的上課體驗，是我從來沒有過的，以前縱使人在教室，心也早已飄忽而出，雖然知道「把握當下」這類的老生常談，但那也僅止於知道，如果真要說完完整整的實踐，這次我想是極少數裡的其中一次。在過去團體分享裡，假若有想法我是不會主動出擊的，而是被動等待。仔細回想卻發現，這一次的團體分享只要有想法，我大多會舉手發言，而非藏於心內期待僥倖。當你看到每位同期，都真切熱情地分享自己的故事，同時也願意傾聽講者的聲音，我想就沒有什麼是你不可以講的。而透過彼此間的相互交流，所激盪產生而出的，我一直以為，也相信，會是這四天裡，最為寶貴的收穫。

生命會影響生命，我是第一次聽到，至今也仍縈繞於耳。四天裡我嘗試著反思自己生命中重要的數字，開始每天挑一種姿態來相伴自己，也意識到，縱使自己說得再好，對方聽不懂也是枉然，縱使看得在多，假若沒靜下傾聽，也只是畫地自限，活在自己的世界裡。又如一開始以為辦不到的剪紙套頭，沒想到其可能性卻是如此之大。還有很多曾經聽過，或耳目一新的概念，不得不說，掏空後的學習，收穫超乎想像，生命也漸漸開始受到影響，變得和最初那個自己，稍稍不同了。

十九個人，比想像中要少很多，但假若十九個人都能全心地投入地參與，形成一條緊密、互相牽繫的繩子，那又怎會比鬆垮垮的長繩要來得差呢？這是我第一天一早的第一個想法，而在最後一天，也如實地呈現出來了。最後想說的是，這次的大專探索並不會是我人生中的一大亮點，我想應該也不會是我的一個巨大轉捩點，但我知道，有某種無法言喻的改變，已悄悄種於心中，緩慢緩慢地，影響著我，謝謝二十三期的同期，謝謝營後的工作人員，有妳們真好，有緣再相會。

影音分享連結

Ⅱ 青年探索篇 2

服務員在在營隊活動中，扮演著重要的核心靈魂價值，

如何讓營隊有生命力，靠的就是服務員的熱情與活力。

不論是早期的中橫健行隊、溪阿縱隊、東海岸健行隊、霧社先鋒營等，

服務員都佔有舉足輕重的角色，

服務員正是用生命影響生命的典範，影響了許多人……

追不平凡的夢・求不平凡的橘紅榮耀

王群元

一、什麼是嚕啦啦？

當貝登堡將軍遇到了祖魯族……故事就這麼開始了……

相傳在西元一八八七年，當時童子軍創始人貝登堡將軍，率領著一支精銳的騎兵攻打南非，一開始，真是戰無不勝，攻無不克，所向皆捷。但是當他們攻打到南非納耳塔附近一個叫祖魯族的部落時，僵持六個月之久卻依然久攻不下。

貝登堡將軍感到非常納悶，為什麼一支裝備了精良武器的現代部隊，竟然打不過一個以刀、斧為武器的原始部落，於是貝登堡將軍開始深入了解祖魯族的民族背景。

原來，祖魯族的男孩，在六歲時便要跟著父母，接受野外生活、狩獵、攻戰等等之技能訓練。當他們年滿十四歲時，族人便在他們身上塗滿白色樹脂，然後放逐到山林之中，同時並宣佈，任何人祇要見到身上塗有白色樹脂的少年，都可以將他們射殺而不用負任何責任。一直得等到身上的白色樹脂全部脫落，才可以回到部落之中，成為一名勇敢的戰士，並接受武士的頭銜。在這段為期大約三個月的時間之內，祖魯族的男子，不但要有野外求生的本能，對付野獸的侵襲，更要避免族人的追殺，因此個個都練就了一身好本事，才能抵抗貝登堡將軍精銳的騎兵部隊。

貝登堡將軍在了解了這事情的緣由之後，感到非常地欽佩，他知道自己的部隊祗是武器上的進步與精良，而人員的素質與精神卻比不過祖魯族。於是，他便改採用圍堵政策，切斷祖魯族糧食及飲水的來源。最後迫使得祖魯族的酋長不得不提出和談的要求。

在黃昏的大草原上，貝登堡將軍與祖魯族的酋長握手言和。貝登堡將軍的第一句話是：「Good Friend」，而祖魯族的酋長回答：「LuLaLa」。

嚕啦啦（LuLaLa）這句話是非洲土語，代表的意思是：「好朋友」、「親兄弟」，隨著貝登堡將軍創立童子軍流傳世界，成為國際友誼的象徵。

這群穿著橘紅色制服的熱心人，之所以用此三字為名字，乃是便於稱呼及表達友善、服務之誠意。

嚕啦啦訓練早期是斯巴達式的訓練，在時代的演進後來演變為隔代的師徒式訓練，傳承著經驗學習成長的概念，走進體驗學習的教學相長的模式。

嚕啦啦的全名是中國青年服務社假期活動服務員，於一九六九年，社會組（今活動組）組長劉增善先生，為了擴大社會及在校大專青年積極參與服務工作，並因假期活動蓬勃發展，領隊及服務員需求量日增趨勢，遂建立「中國青年服務社假期活動服務員」制度，又名「嚕啦啦」，在第一、二期乃集合一九六八年前，於服務社幫忙帶隊及服務的各個社團義工參加觀光局委辦的「旅遊服務人員研習會」的成員所組成，自第三期起則採前期推薦方式參加研習，當時多為社會、大專青年，於第四期時，除了辦理旅遊服務人員研習會外，另外開辦一期「登山輔導人員研習會」，成員十六人，為嚕啦啦目前散失的人員，自第四期時，已都是大專青年學生，經本社甄選合格後成為正式的服務員，自一九七四年，鑒於社會義工假期有限，復為鼓勵大專青年參與社會服務，乃改由北區各大專院校推薦參加甄選及後續的專業研習。

早期中國青年服務社乃結合登山社、攝影社、土風舞社、集郵社等各種社團，來輔導、參與各項青年服務工作，也因此能號召青年朋友加入服務行列，於一九五九年成立橫貫公路生產大隊，帶領大專學生組成的工程隊，於次年陸續完成梨山、大禹嶺、慈恩、天祥等山莊，於一九六九年正式接管四所山莊，並於一九七二年陸續增設洛韶、梅山、利稻、埡口、巴陵山莊，而如現在的大霸尖山的九九山莊、雪山沿途的三六九山莊、七卡山莊建設，當時都有嚕啦啦夥伴參與其中。

一九六九年十一月十一日，奉本團執行長宋時選先生指示，創設「青少年輔導中心」；張老師，展開特殊青少年服務工作，聘請臺大、師大、政大心理輔導等方面專家學者，組成「張老師」指導委員，而當時的義務張老師，正是以中國青年服務社的義工來組成，當然也都有許多嚕啦啦的前期服務員在其中。

嚕啦啦跟隨著中國青年服務社的服務範圍，展開他們的服務生涯，由早期的寒暑期的建設工程隊、橫貫公路徒步旅行隊、雪山、大霸尖山、合歡山、奇萊山、鳳凰山登峰隊、臺灣五嶽攝影隊、集郵研習營、澎湖參觀隊、滑雪訓練營、霧社先鋒營、曲冰拓荒活動隊，到現在的大冒險家~比雅山探險隊、太空天文研習營及各項的兒童營隊、週末假日旅遊活動等，並且參與各類節慶、愛心等社會服務活動，如真善美講座、元宵節燈謎晚會、光輝十月攝影比賽、美化環境登山健行活動、「我們都是好朋友」系列活動以及臺灣學生聲援「六四天安門事件」活動中擔任急救服務人員工作與後來的九二一賑災等工作中，都有這群身穿橘紅色制服夥伴的足跡。

這群救國團假期活動服務員中的勁旅，能在許多學校服務性社團、其他服務員逐漸萎縮與消失的衝擊中仍然屹立傳承近五十年，實在於這群熱心人畢業後仍然延續著服務的熱忱，成立了中華民國嚕啦啦社會服務協會，繼續延續這股服務的熱忱，帶動這個延續的力量，並且在訓練過程中，不斷的因應需求，求新改變，更重要的是將體驗教育的精神融入後，讓學習成為一種習慣與動力，讓經驗說話，讓改變成為一種經驗累積的養分。因此在這裡將剖析一下嚕啦啦的訓練過程。

每位參與的伙伴要接受三大方向的訓練：

第一個方向：人格教育訓練。

此階段訓練是採打破自我，導向團體的方式。訓練過程中的感覺就是委屈、恐懼、無法接受，但這種作法的目的乃是在培養每一個服務員高度深厚的涵養，使伙伴瞭解，將來所面對服務的人包括社會的每一個階層，有種種的性格，要能夠以低姿態做人，以高姿態做事。容忍別人對我們的一切抱怨，挑剔與不諒解，去面對一切的問題。若能如此，方能面對不同的人，耐得起煩，而以此犧牲奉獻之行事原則為人服務。

第二個方向：專才技能訓練。

此階段的訓練是以第一階段訓練精神的延續，而著重於專長技能，如野外求生、登山、急救、山訓特技……等等。在訓練活動中，使伙伴了解，體驗到刻苦、堅毅、關懷、助人等健全的人格。同時，各期針對需要也各有不同的專長訓練。嚕五是以旅遊技能為主；嚕六時，因山難頻傳，所以著重登山安全訓練；嚕七則以雪地活動安全訓練為主；嚕八為水上活動訓練；嚕九的重要訓練內容為野外求生；嚕十則為野營活動。雖然各期各具特色，但當把這些人集合起來，便能發揮團體功效，各展所長，成為一個堅強的團體。

第三個方向：休閒活動實習。

此階段的訓練，在使學弟妹參與實際的營隊服務工作，跟著學長、學姐，以學習處理自己將來所要面臨的一切問題。在此階段，開始了經驗的移交，讓新血輪們從領隊或駐站的工作中，學習嚕家的精神及服務的態度與觀念。

在訓練過程中，本著嚕啦啦的學長姐制，由學長姐負責訓練學弟妹，一切要求都得確實遵守，以傳遞優良的傳統及加強全體服務員的精神建設。當完成這三大階段訓練者，適合這個團體的伙伴，乃能被授予橘紅色制服，成為正式的嚕啦啦。

自嚕十五的訓練開始，除承襲了以往訓練的精神外，亦漸漸增加個人需求專長的發揮，如急救、土風舞、美工……等項目，以使活動內容更加茁壯，而學長姐制依然保存，但趨向合理化，沒有無理的處罰，再加

階段	名稱	研習內容
第一階段	承先啟後-挑戰不可能任務	魚路古道健行、資料查核
第二階段	高寒地登山訓練	高寒地安全、登山安全、領隊技巧
第三階段	人生以服務為目的	服務觀念建立、體能測驗
第四階段	冬令營隊服務見習	休閒活動服務見習
第五階段	童軍技能暨野營常識研習	童軍技能、野營常識專業研習
第六階段	活動設計與康輔研習	活動設計、輔導、團康設計帶領
第七階段	暑期休閒活動服務實習	休閒活動服務實習
第八階段	導覽服務人員研習會	解說訓練、生態研習、史蹟導覽
第九階段	探索教育經驗學習	團體動力、探索教育、反思與成長
第十階段	結業授服	成果分享、回顧、展望

中國青年服務社假期活動服務員（嚕拉拉）十階段訓練

入體驗教育的元素後，使每個人的人格更臻健全、訓練更加有所成效、團隊也更趨向心力。

而在一年的訓練當中，大約分成以下十個階段訓練，而在養成教育的過程都是依循著做中學的概念來實施：

每年從九月份起在各大專院校開學時就展開校內嚕啦啦招生甄選工作，並將於每年十一月起為期將近一年的研習活動，而每年約九月至十月是各校校內的甄選時間。每位服務員在經過一年的嚴格訓練後，表現合格而良好者，就可以得到一件代表著榮譽、責任及嚕啦啦精神的制服；從見習身份成為正式的咱家一份子，展開為青年與社會的服務工作。

這件制服產生於嚕三時，顏色是橘紅色。之所以選擇橘紅色，除了在山野活動中易於辨認外，橘紅色也代表了熱情、活潑、肯犧牲、肯奉獻；同時，橘紅色亦是果實成熟的顏色而不是膚淺的，除了舉辦活動之外，祇要需要他們的時候，他們都會挺身而出；而成熟的橘紅色又代表著薪傳的工作，所以穿上制服後，才是學習的開始。

因此，這件制服代表著式這個團體的精神象徵，穿上制服就要有服務員的樣子，個個整齊，不管有幾個嚕啦啦站在一起，都能表現出整體的精神。也因為嚕啦啦的自我要求嚴格，它才能迄今不衰！

訓練的階段會因應社會不斷變化與需求做調整改變，如同早期十五期前的嚕啦啦是的甄選是各校推薦大二學校內各社團的菁英、幹部前來中國青年服務社受訓，為延續服務年限、擴大服務範圍，自十六期以後改成推薦大一新生前來甄選受訓，在受訓的階段也從早期的在金山一次的三天野營訓練到後來的一年十個階段訓練，在鑒於一年訓練過程很苦很累，若不能堅持到最後，所有的付出與努力將付之一炬，因此因應參加的學生的狀態改變訓練模式，如在第一階段由面試模式改為體驗模式，選擇陽明山的魚路古道，從金山走到天母，在魚路古道上體驗先人清晨從金山挑漁貨到士林賣魚掙錢討生活的硬頸精神，也挑戰這趟走過古今的不可能的任務，從體驗中學習先人精神，也從過程中了解未來一年的苦滋味，自然讓能夠吃苦耐勞的種子留下，順利的完成未來一整年的培訓。

二、穿上制服才是學習的開始

在嚕啦啦的服務生涯中，除了營隊服務外，還有一份重要的使命就是傳承，在營隊經驗中的傳承、在大型公益活動服務中的傳承、在領團導覽服務中的傳承及在教育訓練中的傳承等，許許多多的過程都是先從見習身分接觸時開始的，從以前具體的經驗參與各項服務工作，經過觀察、體驗後的檢討反思，形成學習的經驗與成果，再經過傳承帶領，運用在服務生涯中不斷的累積經驗，在這過程，我以「起、成、轉、合」四個經驗學習階段來闡述形容。

在大一的見習階段為「起」，在加入服務學習的行列中，一切新的經驗開始學習起，因此要經過三大方向、十個階段的訓練，去建立形成團隊、融入團隊，並積極學習基本所需的技能與態度。

在大二穿上制服的階段為「承」，在這過程是服務的主力，也是將所學經過一個循環的經驗學習後，再次驗證與實施於未來的服務行列中，承襲以前的經驗，支援教育訓練工作、學習學長姐的角色與工作，也為未來主帶見習嚕啦啦的傳承做準備。

在大三的階段為「轉」，在嚕啦啦的訓練中，隔代訓練為的是粹練更成熟的人格、技能與服務經驗，轉換為傳承付出的角色，一來為甄選出新的一期嚕啦啦的生力軍，二來也要帶領著大二的見習學長姐，如何做中學成為一位優秀的傳承者。

在大四階段為「合」，走過大一見習嚕啦啦、大二見習學長姐及大三見習主帶期後，三者角色歷練完成，更能夠在服務、傳承的過程成為一位累積完整經驗的學長姐，擔任服務學習中的諮詢、輔導角色，整合各種經驗來帶領學弟妹站在巨人的肩膀繼續向前行，因此穿上制服的嚕啦啦更肩負著承擔、學習、教育的角色，長江後浪追前浪，只有不斷的學習才能帶領著嚕啦啦這個團體繼續成長茁壯。

嚕啦啦訓練引進探索教育的訓練與模式後，不再強調絕對的服從與無理的要求，而在於強調反思、做中學與經驗學習的累積，在授服前安排探索教育的訓練階段帶領見習嚕啦啦感受團體動力的魅力外，也將團隊帶入回顧一整年的經驗統整與未來啟動自動學習與熱心熱血付出的反思，成為策動經驗學習圈的原動力。

當貝登堡將軍遇到了祖魯族後，開始反思、學習與改變，在祖魯少年成長的歷程中，看到了嚕啦啦的精神，這樣的一支救國團假期活動服務員的勁旅，帶著貝登堡將軍的責任、榮譽、做中學及祖魯少年絕地求生、奮戰競爭後的榮耀，持續的帶領青年朋友犧牲奉獻、展現熱忱，擔任一位快樂的傻瓜。

影音分享連結

II

青年探索篇

3

美不美故鄉美，親不親故鄉人，
返鄉服務，需要青年人的熱忱與主動，
看見故鄉的美麗與不足，用新的工具與思維，
來發現故鄉需要服務的地方。

少年人返鄉服務不是夢！

王智瑋

營隊規劃初衷、義工的投入與堅持

營隊成立初衷：

- 本著服務鄉里的初衷，藉暑假期間舉辦夏令營之活動，鼓勵區內大專青年參與社會服務，一方面提供青少年一個正當的休閒娛樂，進而培養青少年積極、樂觀、進取之精神。
- 利用來自各系的鄉區內大專學生各展專才讓營隊不只娛樂也更兼具教育意義達到寓教於樂的目的。

一、西港大聯返服概況：

（一）西港大聯就是「西港大專青年聯誼會」的簡稱，性質屬性是鄉內的返鄉服務隊。內部成員由居住於鄉內外出求學的大專學生所組成，於每年的寒暑假以電訪、寄信的方式招收新成員。會內夥伴於寒暑假初期集合大家一起討論出隊事宜，至今已有二十三年歷史。於每學期寒假舉辦一次會員大會，除了會長會務交接外，還會舉辦帶隊的成果展。成員名額不限，只要有心為鄉內服務皆可參加。

（二）訓練計劃內容

- 於每學期寒暑假開始後，密集籌備訓練一星期。讓每年暑假舉辦的迎新活動所加入的新成員，皆能儘快進入狀況。
- 新進成員於活動籌備中會搭配一位學長姐共同籌備活動內容，共同完成教案設計與課程規劃，帶有傳承的意味。
- 訓練課程時間由會長安排活動進度，活動長負責監督活動上的規劃，主要是傳遞團康的要領與活動的注意事項。

（三）所有活動成效驗收皆由該次活動總召或活動長負責籌畫主辦，再招集會內學長姐協辦。

二、返服隊服務理念：

（一）激發會員的潛力與學習動機。

（二）要求會員凝聚對會內事務的配合度與團隊意識。

（三）秉持嚴謹認真的態度，實現高效率的學習團隊，用心辦好營隊。

（四）培養樂觀的學習態度與抗壓性、容忍度。

（五）懷抱為鄉內服務熱忱，盡責於己。

三、訓練目標：

（一）籌備階段目標：認識返鄉服務　、服務的理念與出隊的感動、活動的概念與呈現的技巧、團康的帶領技巧與注意事項。

（二）活動期間目標：服務理念再激盪、出隊挫折的解決方案。
（三）總檢討目標：問題再探討，避免下次再出現同樣的問題。活動缺失改進，使下一次能做得更好。
（四）壓力與心理調適。

義工的投入與堅持

救國團臺南市西港區團委會，在得知青年學子有意成立本區大專青年服務隊想法時，深感認同與嘉許，並本著救國團公益不落人後的精神，除了活動期間到場關心致意了解大專青年們在活動期間是否需要給予適當的協助，在活動過程中也積極參與活動，如有需要協助的地方，西港區團委會夥伴們在會長的帶領之下全力予以支持及鼓勵，希望透過大專青年返鄉的學子及救國團義工夥伴們的鼎力協助，希望讓在偏鄉就學的孩子們，能夠在寒暑假期能夠有不一樣的學習體驗。

課程安排、服務隊教育訓練、如何做中學植入探索教育特色

一、課程安排：
（一）大型團隊課程，在學員剛開始報到階段，我們團隊會安排一系列破冰活動，這個階段是希望透過活動的過程當中可以消除學員之間的陌生及隔離感，讓學員很快能夠融入團隊的活動模式，課程主要是規劃在設立全體目標建立全體的共同意識及加深學員間的凝聚力。

（二）小組創意發想，在這個階段課程的安排就是以小組活動進行，這階段的課程主要是希望透過活動的過程讓學員之間能夠從個人到團隊逐步激發每個人創意，依照參加學員的人數，妥善分配，這時間的課程安排將以分組討論、團隊創作（如隊名、隊呼、隊旗製作等設計），小組隊輔就可以利用這個機會觀察每位學員的性向及團隊演變。

（三）始業式：本次階段的安排，工作目標除了和活動結束後的結業式有所呼應外主要的目的是希望可以讓各個小組在始業式前發表各組的創意發想確定團隊的默契及團體凝聚力。

（四）午餐（生活教育—感恩、惜福）：中午用餐時間也是一個課程教育，我們代入環保意識，讓學員們自行產生任務編組，做飯前的動令團體競賽、飯中的秩序維護競賽、飯後的資源回收競賽，並暗示性代入感恩的價值給學生，讓學生知福惜福。

（五）分組活動：這個階段的安排除了讓學員之間能夠增加互動之外，主要在於激發學員的參與過程及觀察力的訓練與培養。

（六）情境創造：這個階段可以透過故事的營造，運用故事的情境來引導學員進入情境，並提出問題讓他們討論，激發學員的思考邏輯。

（七）體驗活動：本次課程的安排除了在室內安排一系列課程活動，也適當的在戶外安排大自然體驗，利用現有的環境條件來實施操作。

（八）體能活動：在本次階段也安排體能活動觀課程讓孩子們培養團隊的默契及激發團隊的向心力。

（九）回饋與反思：本次階段希望透過小組輔導員的引導之下讓學員能夠藉由活動參加

的過程之中能夠提出回饋及反思，激發學員的思考能力及觀察力。

（十）結業式：最終階段是結業式，希望學員們在活動的最後一天，能夠有所得之外，更希望在活動最後能夠有所收穫，在未來的人生之中能夠得到更好的啟發。

二、服務隊教育訓練：

（一）服務的理念建立：

- 激發服務員的潛力與學習動機。
- 要求服務員凝聚對會內事務的配合度與團隊意識。
- 要求服務員秉持嚴謹認真的態度，實現高效率的學習團隊，用心辦好營隊。
- 培養樂觀的學習態度與抗壓性、容忍度。
- 懷抱對故鄉服務的熱忱，盡責於己。

（二）活動帶領的技巧：能夠針對課程安排的相關活動去了解操作的技巧，透過體驗式的過程，了解如何在活動的過程中能夠引導學員有所啟發，有所認識。

（三）注意事項：每個活動在實行的同時都有其一定的危險因子存在，如何在活動中避免危險的事件發生，這就有賴於活動前的行前注意事項說明及宣導，避免在活動的過程中讓憾事發生。

三、如何做中學植入探索教育特色

正如同教育家杜威在一九一六年出版的「民主主義與教育」（Democracy and Education）一書所到的：教育是生活必需品：杜威認為，教育是人類生活的需要。人類生活的本質是努力延續生活下去，而唯有經常的創新才能確保延續，因而生活是一種創新的過程。在這種創新的傳遞過程中，人與人必須藉由溝通互動來進行思想與文化等的傳承，教育是社交功能：杜威認為，教育有其社交的功能。人生於世，就不免與他人產生交際，參與社會的各種活動。當個人參與了活動，就會以那活動目的為自己的目的，並且熟悉方法與材料，獲得必要的技能與情感浸潤，這就是一種教育歷程，例如參加各種社團活動所產生的教育功能。教育是引導：杜威認為，教育有其引導功能。年輕人天生的衝動與其剛加入的群體及生活習俗不和，因而要接受成人的引導。成人引導年輕人適應社會，平衡個體與群體間衝突的過程，就是一種教育歷程， 教育是成長：教育也可視為是一種成長。杜威以為，個人都有成長的可能性，藉由個人潛能的激發與他人的激勵幫助，就可以從經驗中學習。透過這種經驗的學習，能使我們控制環境、尊重環境，發展能力以應大自然的需要。教育的目的：杜威嘗言，「教育無目的」，其意味教育並無外在目的，而是受教者接受教育以自我成長本身即為目的，是為一種內在目的。教育的方法：杜威在教育方法論方面的主張，是根據「思維術」（How we think）一書中所提到的科學的，或是實驗的思考方法。思考的步驟如下：發現問題、情境觀察、形成合理謹慎的假設、以及實際的實驗來考驗這個假設。在教育上，學校中的教學若能將重點放在良好思考習慣的培養上，則各科的教學歷程便能予以統一。臺灣近年的九年一貫教改即有此觀，教育的內容：杜威相當強調實作的重要性，提出「從做中學」（learning by doing），因而無論在課程的編排上，或是教材的選擇上，都以學生興趣所在、隨身所得，並能實地操作為原則。要如何做中學植入探索的元素，其實除了自己親身體驗參與活動的課程之外，也可藉由探索活動的設計安排，來建立團隊的共同目標與自我的學習成長，在參與活動的過程當中，引導員必須要能夠懂得去觀察每位學員，對於活動後所給予的反思及回饋，再針對團隊做適度的修改與調整，讓每位參與的學員，能夠藉由探索的方式可以互相有所認識，針對事情的發生如何有效的觀察及解決，這就是探索教育中所注重的觀察與反思。

活動帶領甘苦與反思

西港返鄉服務隊的營隊活動，對象以西港本區偏遠學校為服務的主軸，活動的日期安排較多為兩天一夜的課程，前來參加服務的大專服務員們，有些是有心參與但是沒有相關的活動帶領經驗的，所以針對這些新進的夥伴們，我們在前期的教育訓練顯得就相當的重要，如何讓活動順暢並安全的進行，就顯得非常重要；接著是如何培養這群新進的夥伴，讓他們能夠對這個團隊有所認同，並從中獲得屬於自己的成就感，另外就是如何在活動的過程中，如何做好團隊的帶領，因為一個團隊的好壞，在於領導者要能夠懂得發揮領導者的能力，去做好團隊的管理，讓團隊合作發揮最大的效益，建立屬於他們自己的團隊價值。

有些新進的服務員會跟我們反映說，小朋友不好帶啦，小朋友哪個怎樣怎樣…的，我認為這對於他們來說這是一次的經驗，也是一次的挑戰，在遇到問題的同時，要如何做好溝通與協調？讓事情能夠獲得圓滿的解決，這才是我們在活動過程當中，所要學習的其中一項經歷之一。如果這些問題與困難，能夠透過團隊互相協助、互相合作的方式，來解決問題的話，這也不也是做中學的涵義之一嗎？

學員成長與回饋

每一次，在參加完西港返鄉服務隊的大專青年服務員，都會在回饋時分享，有自己小隊的學員在活動結束的時候，特別感謝他們，在寒暑期這段時間犧牲自己的假期來陪伴他們，讓他們能夠在活動這段時間，透過不一樣的教學方式，讓他們學習到書本中所沒有學到的東西。也有自己同鄉的學長姐，回來將他們在外所見所學，透過團體分享的時間，互相勉勵與鼓勵，學員同時反應說：原來探索教育的活動是這樣的有趣又好玩，而且還能從中學到，許多生活的涵義與學員不同的經驗分享。

在夥伴報到與送隊的過程中，與幾位家長聊到這項活動時，家長普遍都會跟我們說，現在這個寒暑期時間，很多的年輕人，尤其是大學生都會在這個時間跑出去遊玩，很少會返鄉回來服務自己家鄉的學校，回饋社會，很感謝這群孩子願意這樣子的付出，也很感謝救國團有這群可愛的義工願意這樣的支持與鼓勵，讓孩子在辦理這項有意義的活動同時，更加能夠盡心盡力無後顧之憂，畢竟在這個時代，要辦理這些公益性的活動是有很多團體，這他們並不懂得從根做起，要做好從小培養的扎根動作，這個社會才會越來越好，聽完家長們這樣的回饋讓我們不禁想起，這不就是救國團從以前就時常提倡的，「我為青年服務，青年為國家服務」的宗旨嗎？

III 翻轉教室篇 1

教育可以一陳不變，也可以一直求變，

我們要關注學習者的需求，給予適度的空氣、陽光、水，

小樹苗就能持續茁壯成長，成為未來社會的中堅份子，

臺灣變得更好，不再只是夢想，而是可以實踐的願景！

陪伴青少年・向自我挑戰

葉祐寧

營隊規劃初衷、行銷包裝

一、規劃初衷

「張老師」成立於一九六九年，一直以來以「健康青少年，社會新希望」為使命，進行輔導工作，在寒暑假期間積極辦理營隊活動，從一九六九年開始辦理針對虞犯少年國中生的「蘭陽育樂營」、對中度適應不良國中生六天的「幼獅育樂營」、到目前針對高關懷國中生四天的「自我挑戰營」等團體輔導活動，輔導適應困難的青少年，並針對其須要給予適當的心理及生活輔導。透過「張老師」輔導概念規劃出一系列活動體驗，在過程中帶領孩子進行分享討論，以輕鬆、自在的方式與孩子對話，以建立青少年有正向的成長力量。

近來，網路科技發達，資訊科技生活化—電腦和資訊科技的普及化與生活化影響了生活的改變，生活、學習以及溝通因為網路科技的發達而有了新的媒介且更為便捷。而網路科技之發達卻也帶動了許多陷阱，讓青少年在成長過程中有了更多的刺激與接觸，青少年在網路上進行交友，成立了社交圈，因為網路交友而進入司法程序之案件不計其數，網路的便利卻

挑戰營
活潑、多樣化的課程

造成了更多的社會事件。而手機與網路的普及，也讓青少年更依賴網路，通訊軟體的發展，讓聯絡更便利，卻也造成更多的疏離，影響人際互動、親子關係。現今青少年由於生活環境優渥，加上家中子女人數少，多數家庭雙親忙於工作而無法與子女培養緊密、安全的支持關係，因此大多數的青少年出現面對問題、挫折壓力時，容忍度較低，逃避解決問題，易以逃避的方式回應，情願選擇與網友訴苦、尋求網路協助，而不尋求較正確可行的解決之道，也容易衍生其他後續的問題。

冒險治療(wilderness-adventure therapy)、「以冒險為本之治療」(adventure-based therapy)及「以冒險為本之諮商」(adventure-based counseling)。冒險治療透過活動前、活動中與活動後相關之反思引導的治療處理介入，幫助參與其中的青少年行為的改變、習得的經驗轉移至未來生活並且維持下去是此類活動的最終目的（張昀，民98）。在國內外開始有專家學者嘗試透過以各式冒險活動為媒介的「冒險治療」(adventure therapy)的方式，幫助無法適應學校及社會體制的青少年，提供另類的偏差行為治療途徑，並經證實能夠帶來增強自我概念、自尊心、人際溝通、社會與學校適應能力增進的療效。

「張老師」的輔導工作，一直以來就是扮演傾聽當事人的角色，以學到的專業知識、輔導技巧，協助有困擾的求助者察覺、更了解自己的問題，以釐清自己的感覺及想法，找到自己的優勢，學習有效的解決問題。而辦理青少年營隊，讓「張老師」從電話間、晤談室走出戶外，藉由活動的設計，可以從「聽到」當事人的問題，變成實際「看到」學員在營中各種人際、學習上的表現，更能具體、有效率的引導他們去察覺、了解、連結，就是探索教育強調的「反思」。也因為輔導員全程與學員一起參與活動，建立了初步的輔導關係，為營隊結束後的延續輔導，建立了良好的基礎。

張老師長期對青少年關懷之系列活動

二、行銷包裝

（一）針對家長需求：教育、學習、改變

強調團體生活，近年來因為少子化與網路化，青少年很難有長時間跟同儕相處的機會，借由營隊四天三夜的營隊活動安排，讓青少年頻繁體驗人際衝突、溝通，進而覺察反思，學習正向社交技巧，改善人際關係。

（二）針對青少年需求：好玩、刺激、有趣

每年營隊都會加入可以吸引青少年的誘因，如二〇一三年營隊會依表現贏得積分，在營隊結束後可以用積分換得時下流行的3C產品。二〇一四、二〇一五年攀岩、垂降等刺激山訓活動。二〇一六年加入正流行的密室脫逃、泡泡足球賽活動。

課程安排、探索教育植入特色

場地安排結合活動地點的特色，例如二〇一三年以「墾丁」吸引青少年，結合當地特色，規劃「夜訪陸蟹」、「墾丁大街食尚玩家」、「溯溪之旅」、「定向越野配合粉絲頁上傳照」，強調「i世代青少年除了享受網路帶來的便利性，更要學習如何正確使用網路，讓網路成為助力」。二〇一四、二〇一五年在澄清湖青年活動中心舉辦，由於活動中心設有完整的高低空探索設施，運用「獨木橋」、「賞鯨船」、「隔島躍進」、「蜘蛛網」，強調「團隊合作、溝通、支持」，加上刺激的山訓活動。二〇一六年在澄清湖風景區辦理，結合風景區佔地廣大，規劃了「泡泡足球」、「定向越野」充份利用場地特色。

「張老師」營隊的最大特色為每次營隊會以「生涯」或「人際」或「溝通」為主軸，在四天三夜中，加入五次連貫性的團體活動。而其中小隊輔導員，由輔導經驗豐富的義務「張老師」擔任，他們在營隊中扮演的角色相當重要，除了團體時間活動帶領，也要跟著學員們參加整個營隊的活動。輔導員除了要給予學員溫暖與支持外，對於活動中成員的表現也要敏感覺察，才能在團體時間引導學員去回想、反思自己在今日活動中的表現，協助學員去整理活動中的體驗，並與學員生活、遇到的問題做連結，加深對於在營隊中學習到的社交技巧印象。

並且在結業式當天也邀請家長參加，讓輔導員可以與家長對照孩子的表現差異，多了解孩子的不同面，降低家長對青少年時期孩子的擔心。並會在營隊結束後，開始長達一年的延續輔導，持續與學員聯繫，關心學員的生活日常狀況。

活動帶領甘苦與成長反思

青少年自我挑戰營各年度特色營隊活動一覽表

年度	101	102	103	104	105
活動地點	澄清湖青年活動中心	墾丁青年活動中心	澄清湖青年活動中心	澄清湖青年活動中心	澄清湖風景區
營隊主題	人際溝通	生涯	人際溝通	人際溝通	人際溝通
特色	山訓 水上活動	墾丁大街 夜訪陸蟹 溯溪	山訓 探索活動	山訓 探索活動	定向越野 泡泡足球

辦理青年挑戰營，實在是一件辛苦但快樂的事。從開始規劃，要想出打敗網路、手機的魅力，吸引青少年願意在暑假出門，跟我們一起投入整個活動，要好玩刺激、又要有教育意義。挑戰營，顧名思義不僅對參加的青少年是挑戰，對參與的工作人員也是一大挑戰。

但是每年看著成員，或許是被父母逼來的，從報到時的臭臉不情願、需要隊輔的鼓勵才願意勉為其難的試試，到後來會自發性的參與活動，甚至成為團隊中的支持者、領導者，開始對接下來的活動充滿期待，最後結業式時的滿臉對伙伴、對輔導員依依不捨，約定明年再一起參加。孩子們的表情轉變對我們工作人員來說是最大的成就感，也是支持我們一年一年繼續辦下去的動力。（二〇一五年營隊承辦人葉祐寧）

這四天的活動，我與夥伴討論，看著孩子改變，覺得青少年不是不願意與人溝通，適當的教導及引導，能誘發孩子發展與人良好相處與溝通表達的能力，只是成人願不願意花時間與耐心陪伴及教導罷了！世界上沒有學不會的孩子，只有不會引導的成人，如是而已，所以青少年的服務工作才顯得如此重要（二〇一三年營隊輔導員陳怡靜）。

深深覺得，輔導員、老師這個角色，不僅僅只是個上對下的教育角色，若微微的鬆脫這個名稱嚴謹的角色，用「一般人」的姿態去與一群人相處，便自然而然的，會有滿滿的收穫！這樣的營隊，真的很棒！也許我們不是超級專業，但我們用著超級用心的投入來補足！人與人之間的互動、人際，就是這樣從交流中來學習。所以我覺得讓學員們在這樣流動的氣氛之間做學習，是很真實很受用的！（二〇一五挑戰營輔導員岑怡璇）

在帶領團隊的過程中，「反思」往往是團體帶領中不可或缺的環節。但很多時候又難以解釋它的重要性為何，「做中學」其實是在思考後才行動、先思考、後行動，以這種模式在行進，若沒有反思（思考），我們所學只是表淺的知識和容易被大腦丟棄的認識。我覺得絕對有必要將反思運用在生活、教育、團體中甚至更多場合。以團體引導來說，輔導員能經由事前設計好的問題，讓成員去回答，不論答案為何，在思量該如何回答時，一遍又一遍地將過程回想一次，刺激成員能產生新的體會。（二〇一七年挑戰營輔導員許麗貞）

學員成長與回饋（含家長、親友）

一、參加學員回饋

- 在營隊中，有交到新的朋友跟挑戰了自己的極限，盡力做到最好。
- 感謝輔導老師，讓我知道自己平常有什麼不好的習慣，知道怎麼樣做改變。
- 我學到如何與不同的人相處，接納不同的人，合作的重要、態度的重要，良好的態度，營造好的人緣。
- 希望明年可以再來參加其他不同的主題的活動！
- 結業式的時候看到影片回顧裡面，大家的表現又好笑又很捨不得，沒想到四天三夜這麼快就過去了，很好玩也很累，回來的車上睡成一片。很謝謝「張老師」讓我們這些從不同地方來的人，能夠互相認識，然後到最後能成為要好的朋友，還學到了很多東西，希望明年還有機會可以再來一次。

二、家長回饋

- 自二〇一二年恢復挑戰營的辦理，每一年三月開始，我們都會開始接到民眾詢問，大部份來自於參加完的成員「好康逗相報」，以及參加過的學員家長詢問是否能再次參加。

- 感謝「張老師」的營隊，其實我兒子是被我逼來參加的，第一天我送他過來，他晚上打電話給我說：明天我可以回家嗎？我在家裡就一直很擔心他的狀況，結果第二天、第三天晚上的電話都是說營隊有多好玩，完全沒有提到要回家。剛剛又聽輔導老師說他的表現，讓我很驚訝，跟在家裡好像不太一樣，變活潑了，我很開心他有這個機會參加營隊。（二〇一六年結業式家長回饋）
- 知道這個營隊是因為朋友介紹。我的孩子在家裡面很少說在學校的事，問他也不太回我。一直很擔心他的交友狀況，希望他能有好的人際關係。所以結業式看到他跟同學的互動、撥放的回顧影片，讓我有比較放心。（二〇一六年結業式家長回饋）

影音分享連結

III 翻轉教室篇 2

品格，用說的比較快！

品格，用做的很難！

爲什麼很難？

因爲要真實面對自己的感受，去接受身而爲人的不完美，

但我們仍不放棄，持續用正向行爲影響身邊的人，這就是一種品格。

用探索教育為品格奠基吧！

李俊德

全世界從資訊爆炸時期、網際網路連結到全球化，至今已經發展近十多年的時間，十多年後的此刻，全球國際化對我們的影響已經根深蒂固，或許現在的你我，已經熟悉這樣的影響所帶來的生活方式，但是不可諱言的，多年前的我們，甚至還不敢想像現在我們的生活模式，會因為這樣的發展而有如此大躍進的進步與龐大資訊便利性，而現在我們關注的是大數據時代下的社會人文發展，並如何藉由統計數據的方式，來更進一步的分析，我們人類真正的需求究竟是甚麼？

當然在已經完全熟悉大數據時代和資訊便利性時代下的我們，其實都忘記了一個很重要的前提，那就是人文的融合與發展，是否是完整與健全的？簡單的說，人類的歷史經歷了數百年至數千年的時間，才漸漸地發展成熟，每一個國家與民族，都是經歷了長遠的時間，才演化到了現在這樣地各別社會發展性之主義模式，但是全世界，卻只有短短十數年的時間，就快速的達成了。因為全球化的影響深入了國與國之間、甚至人與人之間的直接連結，而在這樣的一個過程中，卻沒有足夠的時間和方式，來好好的建構人文的交流與演化的基礎。

在上述的說明中，其實筆者主要引述與表達的重點，是教育模式的發展與改變，前一陣子 Youtube 上面有一個很有意思的影片，美國一位很著名的反思饒舌歌手 Prince Ea，製作了一首歌曲，歌名為 I JUST SUED THE SCHOOL SYSTEM，中文譯為獻給現代教育體制的訴狀，他主要的歌曲內容在訴說一百五十年來，人類將我們所有的生存模式與科技用品，都做了飛躍式的變革，但是我們的教育模式卻仍舊沒有改變。一樣的填鴨，甚至連教室的裝潢都一模一樣，如此的傳統而無法與時俱進，一味講求標準化，而忘記了每個人其實都不一樣，需要不一樣的客製化教育模式才能因材施教，發展出每個人內在的潛能與技能，把自己的才能發揮到極致來貢獻社會，在社會種扮演著屬於他最重要的那個角色。

救國團其實早在政府教育單位重視到這個問題之前，就已經開始發展體驗式學習法(experiential learning)來融入教育結構與核心的方式和概念，推動體驗式教育與教學，在各項研習與營隊活動當中，藉由我們能夠提供的專業，來填補標準化教育的不足，來期許挖掘學子們的內在，而最重要是深入他們的適性與塑性為何！經過了很長的時間與努力，我們也慢慢的獲得了學校與家長的重視與認同，而近年來教育單位推動體驗教育與翻轉教育的教育理念後，我們的專業更受到了各級學校的重視，紛紛和我們加強連結，希望藉由我們來取得更多的教育模組來代入學校標準化教育中。

而今天主要要談的是如何為品格教育奠基，就用探索教育吧！

體驗式教育不是僅僅只能夠針對個人的內在潛能做挖掘，如此地狹隘，體驗式教育更可以發掘出人們內在的感悟，去針對現在他們所擁有的知識來做一個結合，藉此得到該如何將這樣的體驗與感悟融合知識，來對應到未來的日常生活與求學工作中。如同體驗教育協會（The Association for Experiential Education）對於體驗教育的定義：體驗學習就是藉由互動式的學習，而並非單向式的學習，經過親自參與與領會，將這些經驗代入到生活中，而最終學員的態度將會有所改變，行為技巧都能有所擴展，而認知與人際關係亦能夠得到提升。

接下來就要談到我們是怎麼做的：苗栗縣救國團每一年都和苗栗縣政府教育處合作，辦理可睿特小巨人品格營隊活動，就是藉由體驗式教育，來強化與探索國小學齡的學生的內在的自我認知與熟齡前的心靈表徵，讓他們很早就可以知道，自己在團隊當中的最適合扮演的角色是甚麼！同時讓他們認知到，原來團隊當中是需要有這麼多角色才能夠成立的。此外，如果今天學員們，因為這樣的團隊發展過程，而不自覺的傾慕某一種角色，他們就會自然而然的，去學習他所欽慕對象扮演的角色，這就是楷模學習！最重要的，進而自己覺察到了解自我，尊重團隊（他人），進而確認個人與團隊目標的重要性，這也是一個自發性演繹社會化的過程。

我們藉由以下幾個綱要來說明實際的作法：

營隊規劃初衷、行銷包裝

苗栗縣可睿特小巨人品格營，自辦理初期到二〇一七年已有八年的歷史，每年都會和苗栗縣政府教育處合作，這個營隊的產生，是在現今苗栗縣副縣長鄧桂菊副縣長所規劃下而建構的，鄧副縣長本身是一位非常資深的體驗式探索教育學者，在苗栗縣內教育發展的奠基，一直秉持著極大的服務熱忱以及優良的教育架構，來規劃發展政策。本營隊在每年暑假期間辦理縣境內五所學校五個梯次，每個梯次都能服務該校區內八十位的學子，所以一個暑假下來，能夠服務到四百位的未來主人翁，希望藉由這樣的活動來從小正向的影響他們的個人認知與發展。而八年來的時間，這樣體驗教育的模式一直受到政府、學校與家長的重視與支持，才能長期的辦理下去。

而我們辦理這樣活動的計畫目的如下：

一、強化青少年對於當代核心價值之建立與認同、行為準則之確立與實踐，藉以提升國小學生人文與道德素養。

二、喚醒青少年知善、好善、行善，為優質社會紮根奠基。

三、提供多元學習機會，透過課程體驗，使學生在全人化的教育理念中，獲得充分發展，以培養積極進取的人生態度與終身學習的習慣；培養學生分享、互助、利他的觀念，擴大其學習視野，以培育具備宏觀願景。

四、強化學生領導知能訓練，以協助學校學生事務之推展，並培育青少年領導人才，培養班級幹部領導才能與建立團隊精神，並藉團隊引導，使學員自我察覺與反思，同時在活動中融入服務學習的新觀念，從活動中，培養學員積極正面的新領袖特質。

上述的活動目標與宗旨雖然有點崇遠，但是實際上，這就是我們一直辦理這樣一個活動的目的與效益，而我們也未曾偏離這個方向，一直不斷地朝著這個方向在努力。

課程安排、探索教育植入特色

苗栗縣可睿特品格營每一梯次是兩天一夜的活動，課程的內容如下：

- 大團隊課程：在學員報到初始期，我們會設計一連串的大團隊課程活動，主要活動在於活動暖身階段讓學員之間彼此慢慢活絡，降低戒心和藩籬感，慢慢的讓參與者有開始融入營隊與團體生活的感覺中。這時候的課程主軸，在於設立全體的目標、增進人與人的接觸及品格目標建立。

- 創意激發：在學員報到第二階段，就是進行分組的活動，體驗式教育重點是個人挖掘至個人發展再到團隊建立，因此團隊的模組最適人數在十二至十五人為一組。這時候的課程主軸在於分組討論、團隊創作，給予團隊任務（如隊名、隊呼、隊歌設計…），這時候引導員（體驗教育老師）就可以藉這個機會觀察每個人性向與團隊的演變模式。
- 始業式：在學員報到第三階段，就是進行始業式，這個工作的目標當然是為了和結業式能夠有所呼應外，最重要的就是讓各小組之前在始業式發表創意激發時能夠確定團隊默契與團隊保護價值。
- 認識朋友（分組活動）：在學員報到第四階段，是認識朋友。核心價值在於認識與熱忱參加活動、記憶與觀察力訓練與培養。
- 建立價值契約：在學員報到第五階段，是所謂的全方位價值契約，團隊在建立後所有的經營運作與溝通，都會因為每個人不同的個性與可能的角色重疊而產生衝突（團隊成形的四個階段？），強調全方位價值契約的四種價值-自我、他人、學習團體、學習經驗，因此在未來進入小組活動時之前，讓小組所有成員自己建立小組公約是最重要的一個環節，也是體驗式教育影響學員品格教育（尊重-自尊他尊）最為重要的一個項目。
- 美味午餐（生活教育—感恩、收拾、不偏食）：中午用餐時間也是一個課程教育，我們代入環保意識，讓學員們自行產生任務編組，做飯前的動令團體競賽、飯中的秩序維護競賽、飯後的資源回收競賽，並暗示性代入感恩的價值給學生，讓學生知福惜福。

- 品格故事屋（小組活動）：在學員報到第六階段是品格故事屋。核心價值：聆聽與專心運用講故事的方式，來引導學員進入故事情境，提出討論。
- 我愛地球自然體驗：在學員報到第七階段，是我愛地球自然體驗。讚美與守信讓孩子走出教室，利用環境中的自然元素，如樹木、草地、庭園來進行操作。帶領人員學習「流水學習法」，引導孩子進入自發感受、敏感體驗的境界。
- 有品運動會─體能活動：在學員報到第八階段，是有品運動會－體能活動。核心價值：團隊合作優質品格力─自發性的誠實及責任、信任之養成。
- 有品故事小劇場：在學員報到第九階段是有品故事小劇場。核心價值：創意展現用小組話劇表演，讓所有人參與討論，演出品格狀況劇。
- 結業式（回饋統整＋分享所得）：在學員報到的最終階段，是結業式（回饋統整＋分享所得）核心價值：對自己的承諾回顧兩天的活動，給自己的承諾回饋與分享。

我們所有的課程主軸融入體驗式教育的目標與內涵主要是憑藉以下四大精神：

一、Learning by doing：強調身心合一的活動方式與團隊參與，凡事做做看、去經驗、去感受，以自發性行為，在自然法則下，體驗實踐中學習！

二、Everything for fun：透過有趣、輕鬆的學習模式，讓放鬆的心情，進入更深度、深心靈的深度學習。

三、Open space：開明的態度、開放的思維，在趣味化情境設計引領之下，解構心智、歸零學習，讓教育實踐的理念，更具體的刻劃在內心深處！

四、Master：尊重每一位參與者的經驗，強調成員間自發性的學習，以參與者自發性意願（自己及團體），在彼此尊重之下，彰顯學習的可貴及成長的喜悅！

活動帶領甘苦與成長反思

八年來苗栗縣可睿特小巨人品格營，已經發展成一個很成熟的體驗式教育營隊，當然這幾年換了很多的承辦同仁、很多的探索師資、很多的引導服務員以及很多很多的學員，由草創期的經費籌措與人員建構、課程模擬與資源需求等等困境，在如今看來就像過眼雲煙一般好似輕描淡寫，但想起來，卻又如此的銘心刻苦充滿感動與感激，而建立這樣營隊活動的過程也像是一場體驗式教育一樣，經過了不斷的磨合與學習，才能發展迄今如此的完善。

探索教育初起發展著重【尊重為先】的理念，尊重包含學員相互尊重，引導員與學員的互尊，以及自我對自我的尊重，從尊重帶來【自重】與【自律】的觀念，進而形塑品格的價值與教育目標。

但是，不論營隊規劃多麼的完善，仍然要注意到安全的維護與引導員的素質。安全的維護，包含各項活動與場地事前都要經過多次的勘查與安全配備規劃，確保安全係數為最高標準，當然急救路線的規劃與安排同樣也非常重要。另外就是學員在團隊溝通當中發生衝突的時候，安全的維護與管理是非常重要的。而引導員如何正確的將團隊引導成正向發展的活動目標，也考驗著引導員的內外在素質，以上都是我們辦理活動一直在注意的地方。

結語

體驗式教育對我們苗栗縣可睿特品格營最重要的目標輸出在於有三：

一、以探索教育體驗學習模式，針對本次參加學員，設計團隊建立、人際溝通與品格成長課程，有別於靜態課程，透過各種多元動態的體驗式學習活動，讓學生體會團隊精神建立，並引導其自我察覺與反思，同時，在營隊活動中融入全人教育，培養學生積極正面的人格特質。

二、以解凍活動讓學員從歡樂氣氛中相互認識到彼此合作，及訂定團隊的全方位價值契約，透過引導員的導引，以生活故事接龍的方式，共同討論完成品德劇本，體會出生活中正向的品德行為。

三、以體驗式學習方式，透過引導員的導引讓參與學員察覺到生活中的品德是舉手之勞，使品德教育內涵融合並內化為個人的行為認知。

然而體驗式教育就是因為是自我發掘的過程，所以每個人的體會和感悟，很難用量化的方式來做成效的評估，當然探索不僅僅只有教育的體驗。探索的領域廣泛，包含康樂、訓練、教育、諮商、治療等五個進階式的領域，救國團不僅僅只是把探索運用在教育上，高強度的企業訓練，情緒諮商輔導的探索應用都是我們多年來努力研發的專業。未來我們也將不斷的精進自己，朝著救國團用探索、用體驗式教育來服務大眾的目標宗旨。

IV

學習型組織篇 1

組織就像是一艘船，有人上船搭乘，有人下船離去，

團隊如何赤手空拳，搭建一個穩固的大家庭？

朝共同的目標划去，可能會有驚濤波浪，可能會解體，

但我們可以確定的，就是我們的心在一起，朝目標前進！

企業組織 × 真實冒險 × 教練現身說法

李詩鎮

二〇一五年美國 AAEE 年會

體驗教育在臺灣的發展已邁入二十年，由於救國團從創立之初，就大力推展應用團康活動、大地遊戲、健行、登山、冒險等多元活動，於各項寒暑期營隊和其他團體活動，其操作模組非常廣泛和成熟，加上從一九六九年成立的張老師諮商中心，其最專長的義張儲訓三階段小團體架構，和體驗教育的培訓模式很接近，因此學習並轉移此套系統可說是非常的契合，很容易轉化。而探索教育在台灣的發展，由於學術推廣、救國團應用於各式活動之中及民間組織的推動，在原有的活動基礎和規模推波助瀾下，加快了體驗教育的發展。

體驗教育和其他各種系統一樣，在剛引進臺灣時都會歷經導入（陌生）期，經過有心人努力不懈的推動，才慢慢被市場所認識和接受。如果沒有參與在活動中，只是在外圍旁觀，看起來好像就是團康活動而已，教育訓練的價值不是很高，加上各項戶外繩索課程的投資建設和代理授權成本，如果用在企業管理培訓，其收費必然偏高，會形成推廣的阻力。好在經大家的同心協力，鍥而不捨推動，並成立亞洲體驗教育協會，整合國內各界力量和資源，終於站穩市場。後來更擴展至大陸、香港、澳門，每年輪流舉辦兩岸四地華人體驗教育研討會，至今已邁入第十一年，二〇一七年輪由澳門主辦。

體驗教育的面向和內涵，其實是非常的多元和廣泛，有一套完整的哲學概念和理論系統論述，其進行的架構和流程都有相當豐富的學說支持，加上學者的研究所呈現的效益和成果，其應用的領域很廣，包含冒險治療、教育學習、企業培訓、服務學習、海外遠征和休閒活動等範疇。但應用在各領域時的架構和內涵，其實是有很大的差異。在最初引進臺灣時，雖然是在師大系統，但推廣速度較為緩慢，範圍也較為侷限，後來有其他組織代理引進適合企業界的教育訓練模式，因有營利的價值，其推動誘因較強，其速度就較為快速，從而引發一陣熱潮。

救國團在二〇〇〇年，開始推動團務六大核心工作之策略規劃方針後，以探索教育中心的組織積極運作，並擬定中長期營運計畫，包括組織架構、人員培訓、器材購置、基地建設、實施方式、各單位人力調用及相互支援計畫等細節和時程，積極推動。歷經數年的耕耘，也開發出一片天地，在國內接受及參與培訓的企業組織、政府部門、教育單位、社團組織、大專院校 EMBA 班等不計其數，也應邀到大陸協助企業培訓。其中台大醫院全院五千餘人，每週分梯至金山參與培訓，保誠人壽每年將業務菁英四千餘人，分北中南三區強化訓練，都令人印象深刻，也協助奠下良好基礎。

而國際上也有許多名校運用此一模式作為領導課程的培訓，如美國的華頓商學院，以登山作為課程、兩岸也有四校的 EMBA 班研究生，在中國戈壁大沙漠辦理慢跑競賽活動，變成重要的課程學習的一部分，非常經典；另外也有兩岸的 EMBA 班，參與泳渡日月潭及三鐵活動，將真實的冒險體驗和課程結合，甚獲參與者的肯定和喜愛，也比課堂上的學習更深刻和多元與價值。

逢甲大學 EMBA 班，每年都會辦理兩天一夜的團隊領導研習營，運用體驗教育模式，上午以室內體驗教育課程為主，下午則至日月潭自力造筏，第二天將學習心得和實務經驗統整，分組報告，由所長兼系主任全程參與及講評，已連續將近十年，前任所長也已高升為副校長，仍然保持全程參與。全班的學習氣氛與感情相當熱絡，已成為中部地區口碑最佳的EMBA班。本班學生大都是中部地區各知名大小企業的負責人和高級幹部，業種廣泛，各種管理角色和層級多元，增加學習的豐富性。畢業後成立校友會，仍然保持相當的聯繫，活動力強，知名度很高，讓人敬佩及肯定。也有許多組織因參與此項課程後，帶回自己的公司或介紹其他公司，也辦理體驗教育訓練，普遍都深獲好評。因此，本文將以逢甲大學EMBA班的團隊領導課程模式，深入探討體驗教育的應用。

雖然同班同學已有一定的認識，但在學校的課程中，還是以既定的課程內容為主軸，雖然大家相互認識，但仍有一定的隔閡。因此，在校外課程進行開始時，還是以活化氣氛，引爆熱情為主，同時也是觀察參與者的狀態。雖然辦理多年，合作默契十足，但每屆學員不同，仍有其差異性要做微調。一般來參與體驗教育培訓的組織或單位，成員大都已認識，但視其規模大小，仍有一定的差異，如果彼此很熟悉，可以縮短一些時間；如果熟悉度不深，還是可以進行一定時間暖身，也確立整體課程進行的氛圍和基調。

暖身活動還有一項重要功能就是分組，根據本團的經驗，除了少數單位已事先分組外，大部分單位都是由主辦單位協助分組，成員如何分組也是一大學問。一般而言，盡可能平均分配，讓每組的差異性不要太大，所以性別、年齡層、教育程度、高階主管、不同部門盡可能平均。高階主管在團隊中有正向的功能和助力，但也可能無法拋棄原有角色，在團隊中一直扮演領導者的角色，減少其他成員的學習機會。可在休息時和他討論，讓其他夥伴有更多成長機會，或是在團隊價值約定時，能加上一些討論和分配，以減少此一現象。

小組成立後開始進行團隊課程，認識活動是很基本也很重要的開場，不管對方是否都已認識，再相互熟習還是有價值的，重點在於教練要認識團隊成員，其職務、執掌為何？工作內容、年資、性質，參與課程的認知和期待等基本資料，以便於活動結束時的分享引導可以有效連結。另外，我也會邀請成員分享個人在公司印象最深刻或最有成就感的經驗或事項，一方面這是每人較樂於分享的，也是正向的經驗，讓成員在一開始就願意開口，也讓成員體認在團體進行中，不會讓他們出醜或觸及他們較不願意談論的話題，建立對團隊引導員信任的基調。

在認識活動的遊戲中，最主要的是和學習理論 SQ3R 結合（維基百科：SQ3R 方法是一種提升研習能力的方法，為美國俄亥俄州州立大學心理學教授羅賓遜（F. P. Robinson）所設計的一套有效讀書方法，於一九四六年在他的著作 Effective Study 有所提及，主要用於精讀課文。「SQ3R」來自以下五個英語詞語的字首，即：綜覽（Survey）、發問（Question）、閱讀（Read）、背誦（Recite）、複習（Review），因為一般人學習不是過目不忘的，需要不斷地複習，有理論說要將短期記憶變成長期記憶，需要二十一次地重複練習就是這個道理。在此活動中也可觀察成員的學習模式，有些人很專注聆聽，這是最有效的記憶方式；有些人急著拿筆紀錄，其實這是一心二用的方式，效果不彰；也有的根本就放棄，說我太老了記不住，這都是觀察團隊成員差異性的機會。

在名聲飛揚的傳球過程中，我會邀請團隊設定目標追求最佳績效，在此過程中一定需要溝通協調，腦力激盪、團隊領導與共識建立，並找出有創意的方式，達成比原先更好的目標，超乎期待。此一活動我喜歡引導的主題有三部分，一是請成員觀察和討論追求高績效的過程中，有哪些 KPI，若能找到 KPI 將有助於改善流程和創新方法，這是在活動進行中適時引導團隊討論；之二是活動結束後分享團隊結構有那些改變？如果團隊結構未改變，只是縮短距離、加快數度，那就比較偏向 TQM 進行方式。如果團隊調整位置，改變組織結構和流程，其效益將更為顯著，可以引導討論組織改造之議題。之三是活動績效超乎原訂目標很多時，可以討論和第一次達成時的差距為何，如果一開始就用高目標設定，團隊成員會有何反應？內心是否會認同可能還是不可能，如果認為不可能，那麼接下來的反應或行為會有何差異？但實際結果證明是可能的，因此一開始時的不可能是事實或假設，可以和團隊達成此一共識，將不可能當作是假設，我們要懸掛假設，親自驗證後再下結論。

名聲飛揚加猜猜我是誰，可說是體驗教育的經典活動，兩者連貫運用，其效益甚佳，而且可以討論的議題也很豐富，誠如前面所提 EMBA 班的成員背景甚為多元，猜猜我是誰課程內容可以連結許多產業。如以人資背景的成員，可以討論公司新進人員如未經教育訓練，無法有效地成為公司的資產，可能只是增加人事成本而已，並非人多好辦事。有些公司喜歡招募新鮮人，是因為常常人在曹營心在漢，跳槽過來的員工還保有原有公司的習性或文化，無法融入新公司的系統，那就無法充分發揮戰鬥力。第一回合的單兵作戰模式和第二回合的團隊作戰模式差異很大，各有特色，所需要的戰鬥力職能也不一樣，因此，各組織需視其策略和目標，設計組織架構或作戰隊形來達成組織任務，這也是很好的討論議題。也可討論公司或班級的績效考評和獎勵制度，通常較強調個人競爭或績效的考核和獎勵，有如第一種活動方式；如果較為在乎團隊整體績效，可偏重第二種模式，但都各有其優缺點，為達公司的永續經營，最佳方案是結合兩種模式，個人績效結合團隊績效一定的比率，較為均衡。如以行銷人員的觀點切入，在競爭的過程中那些人比較容易被俘虜，有何特色，通常是名字較好記，或是較有特色，或是成員知名度較高，因此每次出賽，輸的機會很高，在活動進行時，他是缺點，但在行銷實務中卻是最希望達成的目標，讓自身的品牌或產品廣為市場或大眾熟悉，高知名度和穿透力，可增加銷售績效。如果以團隊領導者的角度切入，要招募團隊成員，會希望有超級英雄的個別員工，或是能力較為平均的成員組成，此議題可以連結木桶理論，水桶能裝多少水，取決於兩個因素，一是最短的木片有多長，如果有的很長（超級員工），有的超短，還是被最短的木片決定了最大容量。二是外圍鐵圈框住木板有多緊，是否有縫隙漏水，隱喻團隊的凝聚程度有多深，向心力及士氣是否足夠，領導著偏愛何種型態的團隊等議題，都可深入討論。另外團隊在討論競爭時的策略是攻擊型還是防守型，是否有領導者帶領討論，如何決定策略規劃及執行力，都可引導深入的討論。

上午課程還可加入一項活動，每年都會變化和調整，如果班級成員所屬公司有推動ＩＳＯ９００１，我喜歡安排小圈繞大圈，作為引導的活動。ＩＳＯ９００１的內涵主要有四階管理，包含品質政策、服務流程、各項服務ＳＯＰ與作業規範及稽核改善計畫。運用小圈繞大圈活動可以套用四階管理的精神，討論活動進行時所面臨的問題及改善措施，也可考驗團隊的執行力。此一活動另可引導討論的議題是如何創新解決問題與突破瓶頸，EMBA 班的學生大都是負責人及高階管理幹部，創新力應是各行各業都會面臨的問題，各業種也會面臨事業經營的低潮或瓶頸，如何藉由創新思考及創造力突破困難，也是 EMBA 班重要的學習之一。

下午的課程，往例的話，學校都會指定到日月潭聖愛營地展開自力造筏。但有一年因日月潭嚴重缺水，無法操作此項活動，所以另外安排一項室內活動，三項戶外活動代替。室內課程是組裝吉普車，戶外課程是倒Ｖ鋼索、賞鯨船與高牆。安排組裝吉普車一方面是學員中有許多公司是臺灣接單大陸生產，活動模式與實際營運概況接近；一方面是此項活動內容強調小組合作、部門溝通與細節描述，也很需要有高度的組織與分工，才能準確的傳達。組裝吉普車的素材不會太複雜，但要找到共同的語言、意涵和解讀需要時間磨合。雖然同學的素質程度高和經驗能力強，且平常已有接觸和一定程度的熟悉，但畢竟是來自各行各業，所用的術語和認知仍然有一定的差異，因此組裝吉普車還是有一定的困難。領導的功能包括規劃、組織、領導和控制，此項活動也是甚具考驗此四大功能的價值。

日月潭在林蔭茂密森林中，設有完整的高低空戶繩索挑戰課程，環境優美，設施完整，是國內少見的體驗教育基地。逢甲 EMBA 班學生也有保險業幹部，因此安排的倒 V 鋼索，原因在於剛開始站上去鋼索時較為不穩定，空間較小、心情調適、兩兩搭配合作與信任度都不熟悉，很像新進此行業的員工，對產品、對公司、對保險業、對主管、對自己、、等，是否有足夠的信心和興趣定著，是很好的隱喻性活動，可以引發許多的討論話題，並檢視參與人員的內在想法和心態。而賞鯨船活動操作的複雜性不高，核心要素就是平衡。執行重點在於團隊的規劃是否完整，兩兩一組的搭配是否適切，團隊進行的節奏是否一致，成員是否能靜下心情和專注，團隊是否有明確的領導人指揮，溝通能否清晰和即時。此項活動如果在團隊發展不成熟時，很容易引發風暴；如果凝聚力和向心力高時，操作困難度就會降低許多。此項活動引導討論的重點在於平衡和系統思考，當團隊失衡時，所有成員會自然反應的想要補償，但每個夥伴同時動作卻會過度補償，反而造成搖晃、兩邊擺盪、更加不安定。由此讓成員體會團隊或組織是一個大家庭，每個人都習習相關，牽一髮動全局，這也是在隱喻組織中每個人都很重要，職務高（體重較重者）也許影響較明顯，職務低（體重較輕者）也是會讓團隊失衡。

團隊高牆安排在 EMBA 班最後結束時，兩隊整合協同挑戰，一方面可以激發全班的士氣和戰鬥力，走出舒適區，挑戰團隊完成高難度活動的意願、技能、合作、創意思考及團隊領導力與執行力。突破每個人的自我限制，開發潛能，也能帶者滿滿的信心回去工作岡位再出發。團隊高牆操作時有三層系統，基層的支持系統，高層的提拔系統和中層的執行系統，一個團隊或組織要永續經營，如果只靠基層推送支持，或只靠上層拉抬的力量，而執行者使不出力或職能不足，都會讓團隊和組織很吃力。因此，找對的人上車和放在對的位置是非常重要（誰最先上去、誰最後上去），因為每個角色的任務不一樣，所以領導著要了解成員的專長和特點，安排在最適當的位置，發揮團隊的綜合效率和效能，讓挑戰可以較為輕鬆達成，減少組織的能量耗損。

經典的逢甲EMBA戶外團隊領導課程，是在下午進行自力造筏。此項活動是二〇〇三年，我及本團另外兩位同仁至香港外展學校參加戶外領導文憑課程後，深感有趣，極具冒險性、挑戰性與學習價值，也在日月潭和金山活動中心運用。每組團隊發給六個密封的橡膠水桶，四根長棍、四根短棍，長短繩若干條，經由團隊討論、規劃形成決策後，開始組裝成一條船，完成後再發給六至八支槳（視團隊人數多寡調整），抬入潭中划向指定的目標後再回到原點，全程並有救生教練協助落水救助或竹筏在中途解體安全返航事宜。此一活動很有張力與真實感，團隊常常強調我們是在同一艘船上，經由此一活動可以更強烈的感受到整體感。團隊領導會面臨規劃、組織、領導與控制四大功能，本項活動能和此四大功能充分的結合，而且馬上驗收團隊的決策和執行力成果，活動結束時可以引發許多有意義及深刻的省思和討論，因此深受EMBA班的師長和學員的肯定，並成為典範。

體驗活動結束後才是課程的開端，各項體驗活動結束後，雖有即時的引導討論和分享，但EMBA班安排教授和師長全程共同參與，最核心的課程是晚上要分組討論和學校所安排的教學科目結合，小組要充分的討論、省思、分享和回饋，並做成PPT，在第二天上午輪流報告，最後再由副校長與所長講評及回應，才完成此一戶外團隊領導的課程。

商場如戰場，EMBA班的學員臥虎藏龍，各個都是身經百戰的企業菁英與領導人，傳統的校內單向式教學不容易滿足學員的求知慾和學習心，強調沒有圍牆的教室，凡事可學習、處處可學習、人人可學習的體驗教育模式，可以深刻的互補，相輔相成，甚受肯定與喜愛，可以大加推廣，不斷創新，也是提高企業競爭力的有效方法之一。

Ⅳ 學習型組織篇 2

企業和其他組織，要如何發展適應環境的能力？

不能只等待領導者發號司令，而是必須要讓各階層成員一起全心投入、

不斷學習，才可以不斷地創新和進步。

必須要成為一個「學習型組織」，才能在多變的時代浪潮中，掌握先機。

以客為尊－華麗啟航

尹邦智

前言

中華航空公司委託團隊鏈公司籌辦與實際帶領執行訓練課程。

在經由數次訪談後我們依據訓練單位需求，設計出一系列課程來符合企訓單位的期待效益。

在訪談中瞭解，該公司具有高度的榮譽感及優良企業形像，社會上普遍認為「華航」就是代表國家的航空公司，各方面都應表現優秀，同仁或服務人員的素質應該都要是最好的，這也給公司經營層產生了莫大的壓力。每位同仁也莫不戰戰競競做好份內的事，但公司也曾如媒體報導在作業與服務流程中發生了客訴（機位超賣）及機件維修可能影響的公安問題（機尾機身產生裂縫狀況），而有關訊息被經常報導，從而顯示公司就經營風險，未能及時有效管控，故對企業形像恐有負面影響。

團隊分析

在企業經營中總難免會遇上瓶頸挑戰與阻力，有時只要稍一不慎就一夕變天，組織瓦解，關門結束營業。故有關客訴與安全，應是服務產業最該重視與解決的問題。

為達成組織經營目標，則強化成員間的團隊意識與認同，便極為重要。而團隊意識的型塑，除企業組織宜建立合適的管理制度外，企業文化的養成更是不可或缺。

所謂企業文化，簡單說就是，「我們公司同仁都是這樣做的，毫無懷疑。」一個大型的企業組織若只僅依靠管理制度來經營，則會疏忽了成員間的心理需求及個別差異，而這往往也正是團隊會出現問題之所在。細究之，就有可能是團隊相互間溝通不足資訊不對等而出現之認知落差，繼而形成抱怨或衝突，甚而對立產生，不斷消耗掉組織能量便欲振乏力了。

該公司在制度引導已極充份與有經驗，唯若能藉由體驗學習活動的引導，讓領導幹部深刻體驗工作角色與價值、團隊效益與願景、服務心法與能量、職涯發展與生涯連結等，則對強化企業文化是最自然與可具凝聚效力的。

實務體驗與引導

- 服務對象：中華航空公司
- 體驗模式：歌曲體驗（內部訓練用）
- 歌曲名稱：背包（蘇有朋主唱）
- 歌詞內容：作詞：李子恆　作曲：李子恆

＊輕輕地打開背包　發現我的行囊　是一本年輕的護照
通過了成長的驕傲　投入另一個天涯海角

裝過了多少希望　裝過多少惆悵　像一張歲月的郵票
把自己寄給明天　揹著舊愁新情不斷的尋找
#我那穿過風花雪月的年少　我那馱著歲月的背包
我的青春夢裡落花知多少　寂寞旅途誰明瞭
曾經為你癡狂多少淚和笑　曾經無怨無悔的浪潮
我的流浪路上幾多雲和樹　只有背包陪著我奔跑

Repeat ＊，#，#

操作時間（九十分鐘）

一、播放全首歌曲並請學員學唱至熟悉，尤其多體會歌詞涵意。（二十分鐘）
二、全員分成兩組：各自研議如何以自身工作角色與扮演，表現出歌詞意涵。（二十分鐘）
三、待準備綵排時間後，學員即分成兩組先後表演並相互觀摩。（二十分鐘）
四、待兩組學員均表演結束後，由引導員引導觀察討論與分享連結。（三十分鐘）

操作過程（提問引導）

一、學員在表演與歌詞的傳達中，引導員觀察出全體若有所思的神情與專注的態度。
二、引導員提問：

（一）在對方學員的表演中有觀察到甚麼嗎？

學員：

- 表演的內容與本身工作內容很接近。
- 有的學員表演為年長者服務時的表情與言語招呼，好傳神與體貼，令人有唯你獨享的服務，當中的細膩與體貼週到，那份真誠之付出，真能讓人感動。

（二）在投入表演與演譯音樂歌詞中，內容有感受到甚麼嗎？

學員：

- 從歌詞中聯想到來搭機的旅客形形色色，但年輕人老人均有，身份也不同，無論是要休閒旅遊或要去工作者，也都是一個人的生命歷程正在經歷中。
- 因自己剛有在扮演需要空服員服務的客人，能深刻體會到服務者的溫馨或貼心，連語氣態度如何？都可能明顯感受到差異。
- 學員均為空服人員，每天都在客艙中服務客人，而歌詞中的意涵實也引導學員能靜下心情省視自己的職涯發展與人生目標，該如何訂定？

反思連結（團隊經營、個人成長、生命反思）

引導員提問：今日的體驗能在工作及生活經驗中得到那些啟發？

學員：

- 雖從事讓人稱羨的空服員工作，但歌詞意境與學員工作相當契合，終能引導學員對自己做反思提問：當如何充實自己，提昇自身服務意境與層次有多重要。

- 服務做好能象徵公司品牌與形象，經由被服務的體驗，體會自己在工作時應更努力去準備做好服務，真誠的稟持讓客人對華航公司有「以客為尊」的舒適感受，更能經由服務流程傳達企業經營願景。
- 從體驗吟唱歌曲的過程中，深刻反思歌詞意涵，學員不但能認真面對工作且更能引導反思工作角色與工作價值。
- 經由體驗與反思後更能想要珍惜目前的工作，更重要的是職場為一巨大的群體，要整合所有人的意志且需目標相同實非易事。也因此，激盪出成員經由體驗與溝通的過程，能產生同理心而樂於助人與服務旅友。讓組織文化能有自我管理的氛圍產生，進而讓群體均能潛移默化達成行為模式，甚至不會懷疑為何要如此去做？漸漸的，組織文化即能建立也能發揮團隊動能，擴充服務效能。
- 感覺到服務為快樂之本的本意是自己具有健康的條件能讓別人得到需求及滿足，也證明自己是有被別人需要的價值。
- 尤其人生旅程，我們就像是旅客一般，也應及早訂有自己的目標與方向來努力，更能給自己一個隨時審視規劃人生從職涯到生涯的經營機會與檢視，讓自己做自己生命的雕刻師。

IV 學習型組織篇 3

口碑行銷X體驗式行銷，可以發揮相加乘的效益，
怎麼問團隊一個好問題，考驗引導教練的人生閱歷及思考邏輯。
更重要的是，讓企業投資人員教育訓練的成效，顯著被看見！
創造團隊的高峰經驗，讓每次課程都能潛移默化的改變成員行爲，
讓改變成真！

「報」持活力・繼續前行

陳建成

背景說明

口碑行銷是重要有效的行銷方式，口碑行銷是指企業努力使消費者通過其親朋好友之間的交流將自己的產品、品牌傳播開來。這種行銷方式的特點是成功率高、可信度強，這種以口碑傳播為途徑的行銷方式，稱為口碑行銷。口碑行銷是企業運用各種有效的手段，引發企業的顧客對其產品、服務以及企業整體形象的談論和交流，並激勵顧客向其周邊人群進行介紹和推薦的市場行銷方式和過程。

體驗式行銷策略，最能推展探索教育，體驗式經濟的興起，是從生活與情境出發，塑造感官體驗及思維認同，以此抓住顧客的注意力，改變消費行為，併為商品找到新的生存價值與空間。體驗經濟是以服務作為舞臺，以服務商品作為道具來使顧客融入其中。

因此體驗行銷是消費者經由觀察或參與某件事後，感受到刺激而引發動機，產生消費行為或思考的認同，增強產品價值」。

救國團自二〇〇〇年引進探索教育體驗式學習於各項學習培訓計畫上，舉凡政府機關、各級學校、民間社團、活動營隊等等，透過探索教育之課程，強化培訓學習效益，深獲好評，經累積了多年教育訓練的實務經驗後，於二〇〇六年成立團隊鏈企管顧問公司，積極從事企業培訓市場之服務，並建立良好的服務口碑，深獲信賴，同時體驗式行銷，讓培訓課程更能透過體驗，感動人心，讓負責培訓的承辦人敢於創新，引進不同於傳統培訓型態的課程。

本團參與聯合報集團領導幹部培訓計畫之緣起於，聯合報集團人資處經理，經好口碑介紹參與本團探索教育之分享說明會，人力資源同仁體驗課程後，隨即邀請本團合作培訓計畫，有意將探索教育運用於聯合報之培訓體系，經多次提案簡報討論後，本團正式參與聯合報集團企業培訓計畫（聯合報內部正式命名為U-challenger計畫，為期三年之人才發展計畫）。

客戶需求

聯合報公司為媒體產業具知名度，媒體記者在報導社會現象新聞上，有其正向價值形象及工作態度，當然也可能有刻板印象，因此培訓單位對於媒體生態及其工作內涵應能理解，同時聯合報系正值組織轉型創新之際，透過人才培訓計畫，啟動三年內部轉型創業，人才訓練更為重要。另外聯合報系集團就其培訓制度有其需求確認、提案簡報、報價議價等相關採購流程，因此是較一般公司更為嚴謹。經訪談透過聯合報系各部門人資主管填寫由本團提供之「探索教育活動需求調查表」，並經多次面談確認培訓需求主軸為團隊建立、士氣與紀律、溝通協調、冒險挑戰與激勵領導，勇氣承擔、職涯與自我發展、體驗大自然等培訓需求與目標。

課程設計與活動項目安排

經多次簡報會會議後確認培訓場地之選定、及活動進行三天時間之配當、各項活動名稱及效益等等，在探索課程設計上需考慮：選擇戶外教育場所及活動內涵、培訓目標，以及講師教練的能力與經驗等斟酌設計。茲簡述如後：

一、戶外休閒教育活動內涵

本團所屬青年活動中心及專業設施場地，或聯合報系員工招待所～南園等，以此為培訓基地從事教育活動，從事有計畫的團隊建立、和知性或感性訓練，以健全身體、心智和精神，培訓活動在大自然環境中進行，可養成戶外領導知能、鍛鍊體能與意志，達休閒修養功能，又有勝任的講師教練或輔導人員，引導進行冒險活動及經驗分享。

二、培訓目標

各種探索教育活動為了達成其特殊活動目的，必須充分掌控幾項基本的活動要件，這些要件即是各種探索活動的共同目的。各種探索活動均應完成下列活動目的：

（一）建立團隊精神

團隊精神較明顯地表現在團隊的名稱、組織、旗幟、衣著、準時、參與等，團隊精神的氣勢是成員的主動、溝通、合作、領導和歡樂。探索活動的團隊精神不在於求勝、而在於突破；不在於統一的行動效率，而在於全體的不同貢獻；不在於成功的結果，而在於嘗試的過程。從事探索活動的首要目的是要養成這種全體成員嘗試不同的突破行為，協助隊友完成活動，體驗真誠、關懷、謙讓的團隊精神。以真誠去除刻意做作，以關懷消除掠奪，以謙讓代替操縱。

（二）統整個人經驗活動交流

個人從事活動必須統合身體、心意、知識、經驗，表現於眼到、手到、腳到、身體運動，同時展現正確對環境條件的判斷，和彈性調適體能和選擇技能和作法。探索活動的目的即在促進個人注意力的集中，審查活動的狀況，評估個人的實力，尋找可以運用的資源，再確定達成活動任務的階段和效果，由此養成個人應用統整功能的活動習性。

（三）學習多元化的組織技能

多元化的探索活動讓個人突破已學到的人際關係技能，去嘗試社會關係中不同情境下的各種角色與功能。在一個活動中可擔任不同的領導角色，例如：領導示範、指導同伴活動、負責人員安全、或給予支持回饋等。在活動中應用溝通和解決問題的技能，例如：提出看法、歸納意見、補充建議、協調意見、澄清目的等。在活動中學習與不同年齡、性別、信仰、習性的人群相處，體驗多元文化社會、性教育，和生命教育相關的生活技能。

（四）養成終身學習的性能

自由的意志和挑戰的態度是個人長期發展的基礎，也是探索活動的最終目的。探索活動提供機會使個人能主動積極的參與、自由與安全的選擇方式、創新活動的方法、堅持成功的信念，和滿足於挑戰的成就，以奠定人生發展的性向與能力。

基於以上思維，將青年活動中心的探索教育課程項目，歸為低冒險性攜帶型教具課程及戶外高低空活動設施操作兩大類型作安排，茲分述之：

一、攜帶型教具之運用：

（一）聯合報系集團管理幹部來自各地，並非同一辦公室，或因記者工作屬性關係，因此記者或行政管理職人員之間彼此不熟悉，透過攜帶型教具，進行探索教育活動名稱：名聲飛揚、姓名疊羅漢、猜猜我是谁等，可達成團隊成員認識、默契建立及團隊形成期之。主要活動引導重點在於人員的認識強化熟悉度，開放態度之建立，引發團隊學習氣氛，建立互信基礎、建構對話環境與反思空間，形塑團隊概念。

（二）除活動效益課程之安排外，還需考量團隊是否由形成期進入衝突期，此時可以透過溝通協調或領導統御類型之活動項目例如盲目排陣、硫酸河、信任倒或齊眉棍等活動操作，引導重點在於團隊衝突期之檢視，深化溝通信任，領導與被領導之關係，釐清價值觀，建立團隊目標與共識等，在講師教練的引導下，團隊進入規範期及成熟期。

（三）戶外高低空活動設施之運用：

聯合報系集團幹部課程，安排戶外高低空繩索活動時，應考慮人員是否願意自我挑戰與團隊目前的狀態，因戶外繩索挑戰課程於第三天進行，團隊狀態逐漸進入規範期，人員對於戶外高冒險性挑戰課程，能以 challenge by choice 選擇性挑戰的態度來參與，而且與聯合報系集團對此次培訓計畫命名為U-challenger的精神相符合。

戶外高低空探索設施操作項目有：高牆、賞鯨船、隔島躍進、摩霍克舞步、巨人梯、跳躍擊球等項目，另外聯合報集團經濟日報體系更安排自力造筏活動，引導重點聚焦在人員之企圖心、自我突破、深化信任、團隊冒險與挑戰等，在講師教練的引導下，人員皆能真誠對話、彼此開放、信任，同時互相支持，激勵士氣，創造無限可能，並達到體驗戶外大自然環境的效果。

活動操作過程的注意事項

一、活動課程進行及帶領時，必須遵循探索教育的教育哲學與體驗學習循環的理論基礎，具體而為有下列四大精神特色：

（一）Learning by doing，以行動學習為主，強調親身參與並體驗活動的完整歷程。做中學一直是經驗教育的重要指標，同時也符合現今民主教育的時代背景，強調凡事得做做看、經驗、感覺一下。筆者最常用一個比方來說明：你開車經過一片優美的山水風景，從車內是可以看到巍巍高山、潺潺溪流和綠樹，但你若不下車，在其中漫步，去聞嗅，去感受，去品嚐，則根本不算真正體驗過此一美景。

（二）For fun 的設計，強調學習是一種樂趣的。學習是生存的重要關鍵，然而如何不讓學習成為壓力或焦慮，透過有趣的、輕鬆的學習模式，更能放鬆心情，強調身心靈的深層學習，可以是寓教於樂，從活動的情境引導中、從經驗反思的自我察覺中、從團體生活的群我關係中來學習。

（三）Open space 開放空間的思維，透過情境活動設計，解構心智、歸零學習；學習的空間不再僅限於有形的教室，自然環境與萬物生態更是值的學習、效法的對象。活動中更應保持開放的態度，不需太執著於計劃中的活動，隨時都能接受變化的心態。

（四）Master 主體性的關係，以參與成員的意願為主體，彼此尊重的態度，不單以教師為主，而是教與學互為主體性。

二、透過團隊發展四階段，察覺團隊狀態並適當調整活動，介紹團隊發展階段如下：

Tuckman 在一九七七年歸納的五階段團體發展模式：

（一）團隊發展形成期（Forming）

在這個階段，首要的工作就是選擇團隊成員。接著，幾位核心成員形成了決策小組，大家要開始凝聚共識，設立團隊願景、目標、使命與團隊發展策略。

（二）團隊發展風暴期（Storming）

當團隊發展一陣子之後，伴隨而來的就是，夥伴們彼此的磨擦，這一階段就是所謂的「風暴期」，風暴期最大的考驗，在於衝突管理與問題解決。這個階段要做的事情，最重要的是，將大家的焦點拉回到共同的目標。

（三）團隊發展規範期（Norman）

經過了前面的形成期與風暴期的考驗，大部分的夥伴已經有了不錯的發展，許多人已經建立了自己的個人小組，開始自我膨脹或自我催眠，不斷的衝撞領導人與決策小組，這個階段的焦點，要讓夥伴配合領導，同時領導人必須展現出決策力，讓其他人相信，跟隨領導人才是對的選項。

（四）團隊績效表現期（Performing）

團隊的發展到了這個階段，可以說已經是一個成熟的團隊，從各個方面來看，團隊人才濟濟，不過，也有隱憂產生，那就是夥伴在事業經營上、團隊運作上，產生了「彈性疲乏」，這時，團隊就需要彼此鼓勵。

五、團隊結束或轉換期或散會期（Adjourning）（Tuckman & Jensen, 1977）

本階段現象：

（一）團隊完成目標，團隊成員接受新任務或結束團隊。

（二）團隊生命期結束，回顧歷史與共同的記憶。

（三）新的成員加入，協助新成員融入團體，並參與團隊的發展過程。

（四）有新的任務，又開始另一個團隊發展的週期。

（五）轉換為一個永續經營的團隊。

催化反思對話

引導反思是探索教育訓練課程重要的核心價值，藉由活動體驗後，由講師教練進行引導提問或催化反思活動，茲介紹在聯合報系集團幹訓中運用的催化反思活動如下：

一、O.R.I.D. 的焦點引導法：

- 第一層次提問問題 Objective 客觀性問題，讓大家馬上能夠參與、進入，屬應印象性問題，對客觀材料的觀察。
- 第二層次提問問題 Reflective 主體回應性問題，引發主觀對客觀材料的意見、感覺。
- 第三層次提問問題 Interpretative 詮釋性問題，引發價值、意義與經驗的反芻與深化。
- 第四層次提問問題 Decisive 人性深層問題，引發生命深層的掙扎與挑戰，讓參與者對自我未來有新的動力與應許。

焦點討論法的基本架構

O Objective 客觀事實
R Reflective 情緒感官
I Interpretive 詮釋澄清
D Decisional 決定/改變

二、三個 what 問題反思圈的運用：

簡單來說，反思就是讓人們說出他們的經驗。好的催化能使這樣的過程以安全與民主的方式產生。反思最基本的形式就是反思圈的產生，在反思圈的公開討論中，催化的技巧的應用與反思問題的提出，使參與者開始思考他們的活動經驗與學習成果。

反思圈採三階段提問，what 是什麼？so what 為什麼？now what 怎麼做？這個反思問題的結構可能是最多人知道與運用的。此結構是一種基本的方式來促進漸進式的討論，從回顧活動經驗的細節開始，接著推進到批判性思考與問題解決，最後則是創造與擬定行動計畫。反思圈的優點在於它能反映好的催化過程，以及提供每位參與者有權利與機會說話、每一個想法都有其價值，並對團隊學習有貢獻、個人的貢獻被肯定、參與者對自己的學習負責等優點。

三、反思活動～我的藝術品

請學員利用自然景物創作一個藝術品，藉以代表或象徵學員自己本身。透過藝術品的創作分享，反思學員現況或心境。亦可請團隊學員利用每個人的藝術品重新排列擺放，創作目前的團隊基態或圖像。

四、反思活動～默劇表演

個小隊為一組，各組表演一齣默劇，內容以呈現剛才團隊狀態或心目中理想的團隊表現為主。表演後，學員討論所引發的相關議題。

五、反思活動～故事接龍

請所有學員依序輪流發言，將活動發生過程依序以敘事的方式描述完成。提供學員回憶或還記得發生過那些事件或情況或景象，藉以平靜活動時的心情。透過每人的故事接龍，深化活動體驗的記憶，有助於訓練員當下察覺團隊狀態，適時提問引導，藉以深化反思的效果。

以上引導方法及反思活動介紹，分別運用在聯合報系集團幹部訓練課程中，得到良好的學習效果及學習移轉。

結語

企業投資人員教育訓練視為一項投資，教育訓練課程後，實施課程問卷調查，本次課程滿意度高達 98% 以上，教育訓練體驗課程後，聯合報系集團人資部門更將學習改變轉化為組織轉型行動計畫，藉以再創集團服務高峰，因此更能肯定本次案例之成效。

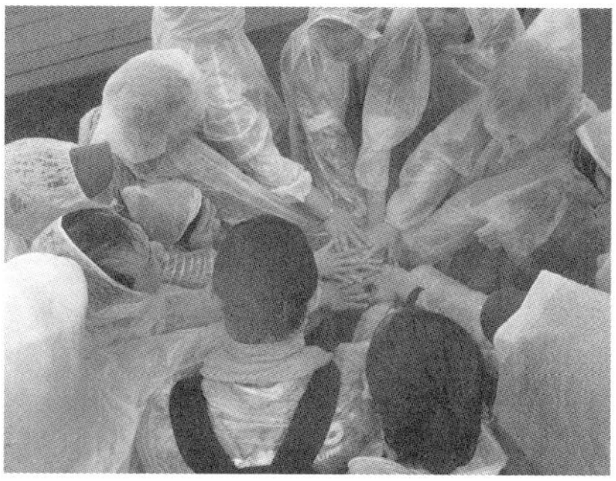

地体验教育校长论
南《少先队专刊》 中国青年服务事业文教基金会 团队链企管顾

透過信任領導活動體驗團隊溝通、團隊管理、團隊領導，
每個人在團隊中的角色會變動，
就連團隊狀態也非一成不變，
團隊狀態隨時會變動，
領導者角色要跟著調整，
讓信任領導成爲領導信任。

引導員的深度匯談

許冠濱

前言：

公司背景資料：嘉康利在美國本土卻是家喻戶曉的品牌，是全美排名第一的營養補充食品直銷公司，產品面相當豐富，業務組織多元且年輕化，精進的組織氛圍，信任、同理心與領導力訓練變成公司努力追求的目標。任何企業都希望打造有向心力、執行力的團隊，但其核心價值建立需要團隊信任、領導力及同理心…要素，如何使夥伴透過活動體驗、學習、分享領悟其中奧秘，瞭解領導與被領導關係中專業、精準度、心態、甘苦…。

一、活動分類：美商嘉康利股份有限公司；NS壽險通訊處

二、活動名稱：信任領導

三、操作時間分配：

（一）整個課程多久？六十至九十分鐘。

（二）分哪幾的部分？

- 活動規則與安全注意事項說明。
- 活動第一回合執行（含小組討論）。

- 活動第二回合執行（含小組討論）。
- 分享與回饋。

（二）分配考量如何？

- 活動說明十分鐘。
- 小組討論三至六分鐘，每回合執行十六分鐘乘以二回合，合計約四十五分鐘。
- 分享與回饋十五至二十分鐘。

（三）講師如何規劃執行？

活動進行目標：領導者帶領兩位被領導者平安順利帶領至目的地。

活動規劃重點分兩部分，分敘如下：

- 路徑的安排：

活動第一回合路徑安排，建議以有挑戰性路徑優先，或以其中之一為主要安排路徑。

活動第二回合路徑安排，建議以平面有障礙為優先，其次以平面來回路徑，有相互接觸路徑為主。

- 小組人員活動限制：

活動第一回合人員安排，一位領導者帶領兩位被領導者，兩位被領導者需蒙眼，可交談並可做身體上的接觸。

活動第二回合人員安排，一位領導者（從剛才第一回合兩位被領導者中挑選一位）帶領兩位被領導者，兩位被領導者需蒙眼，不可交談且不可做身體上的接觸，三個人為各自獨立個體，並完成帶領團隊至目的地。

分別記錄兩回合各組完成時間，做其比較差異性、感覺上挑戰難度。

四、活動操作過程的發現：

學員互動的特殊話題：

哦，回來了！好棒哦！

好難哦！

不好意思，讓你撞了一下！

領導者，好難當哦！

為什麼我要你向右，您都往左走？

你為什麼都自己走？（不聽我指揮？）

我都聽不到領導者的指示（聲音）⋯

針對活動引導提問內容：

對兩次都當被領導者：

這兩次經驗對你的差異性？為什麼？

第一次成功最大原因是⋯

第二次不一樣的是⋯

兩次活動中，影響成功最大的是⋯環境（路徑）？還是人的關係？

第一次當領導者，第二次當被領導者：

當領導者時，你會擔心害怕發生那些事⋯為什麼？

第一次當領導者，對你第二次當被領導者的心境（同理心）、思考是否有幫助？可以多說一點嗎？

兩次活動除了角色的差異性外，你會建議那些事，對團隊是有正面幫助。

面對危險環境（路徑），領導者你做了哪些調整？外顯的行為、位置、肢體動作？還是更明確聲音提醒？

第一次當被領導者，第二次當領導者：

領導過程中，你是讓快的慢一點，還是慢得快一點？

第一次當被領導者經驗，是否有助你當領導者的角色扮演？可以分享嗎？

兩次活動除了角色的差異性外，你會建議那些事，對團隊是有正面幫助。

面對紛亂、干擾複雜環境，領導者你做了哪些事？讓團隊穩定，不致混亂或被打散⋯

對全體夥伴：

經歷兩次活動，哪一次活動比較容易完成？為什麼？

活動過程中，印象最深刻是哪一件事？

活動前的討論，對團隊進行過程是否有幫助？

活動過程操作中，是否少討論到什麼？造成活動中困擾（風險）。

若再一次活動，您們會增加或減少什麼指示？

面對紛亂、干擾複雜環境，身為團隊成員者的你做了哪些事？讓團隊感受到你存在得價值與意義。

五、反思連結：

團隊（組織）經營：

活動開始前三分鐘，請問各小組成員您們在做什麼？

團隊討論時您們進行的Strategic—策略是什麼？

前進目標時，被領導者您們如何協調？面對較危險路徑時，團隊如何共同前進？

領導者做了那些較細膩提醒？被領導者又做了那些呼應（求救），讓領導者知道，團隊的溫度彼此有感受到嗎？

團隊進行您們的Organization—組織安排是什麼？

每一次的領導者，大夥是如何決定？自願？還是被……

重要的是看到自己的優勢嗎？

團隊進行您們的People—人才編制是什麼？

是否看到成功團隊的ＳＯＰ？

個人成長（職涯、生涯或生命反思）

人生重要的三隻手

舉手

活動進行前，你是否有給團隊誠摯建議，或是告訴團隊我來做，有被採納嗎？Why？

實踐活動：我來做

活動過程中，遇到被領導者躊躇不前時（或領導者無法指揮團隊前進），你在想什麼？

對應現實工作中，你會做什麼？

實踐活動：我需要協助

握手

活動進行危險、干擾時，失能（矇眼）的被領導者　，你做了什麼？確保同儕的安全。

第二次活動各自獨立時，討論時有考慮到其他夥伴的狀況（同理心），如何保持共贏或三贏以上。

實踐活動：彼此的協助

拍手

活動可以順利完成，你會感謝誰？自己還是團隊成員。

你多久沒有說謝謝了！

結語

透過信任領導活動體驗看到團隊溝通、團隊管理、團隊領導過程，除了每個人在團隊中的角色會變動外，就連團隊狀態也非一成不變，團隊狀態隨時會變動，領導者角色也要跟著調整，讓信任領導成為領導信任，還能自主協調出共識方式，讓團隊成員做我們該做的，並且一起把它做好，從完成任務中看到良好互動，進而促進成員個人與專業發展，了解對方觀點後建立自信，讓夥伴發自內心「想做得更好、更安全」，創造有價值的綜效團隊。

活動開始時，團隊的策略方法是什麼？

如何制定策略目標？

目標的執行方法 ？

Plan—Do---Check----Action

Plan 計畫 (起點)

1. 用什麼樣的方式完成目標？
2. 切割成幾種行動方式 (案)？

Do 執行

1. 執行力展現。
2. 了解執行狀況。

Check 檢查

1. 檢視夥伴行進路徑，(成果) 在預定目標上？
2. 檢視過程 。

Action 應變

1. 遇到危急狀況，落後了，如何應變？讓後續行動達成目標。

回到工作崗位團體運作或真實人生學習時，如何強化 PDCA 的效果？

1. 與團隊檢視目標跟計畫可以更合理跟周全。
2. 目標是否適當 (太簡單 / 剛好 / 太困難)?
3. 達成目標的方法是否合理、可行？是否會受到干擾？
4. 團隊定期檢視目標達成狀況並給予建議。
5. 達成階段目標 - 經驗分享。
6. 未達成目標 - 方法錯誤？眾人可給予建議。
7. 支持組員夥伴的態度 - 毫無保留給予意見。
8. 達成目標給予讚美跟獎賞。

IV

學習型組織篇

5

達成目標，由選定方向開始，
從小到大，我們做最多的事情，就是選擇。
選我所愛，愛我所選，選定方向，勇往直前，
而團隊工作，不也就是如此，只是還多了夥伴間的支持與溝通，
讓我們攜手向前，面對未知的挑戰，探索世界！

領導者的關鍵能力

張哲瑋

前言

本活動目的為塑造及建立高績效團隊合作效能，增進單位同仁間彼此的溝通與協調以促進業務順利推展，以攜帶式教具體驗課程，結合密室逃脫、定向活動等創意教學方式進行，引導學員思考及學習團隊合作與衝突處理及策略運動等議題，期許能透過活動訓練同仁思考能力、觀察力及溝通技巧及面對衝突應變能力，並透過探索教育的引導技巧協助學員增進彼此認識，挑戰自己，體悟到自己與團隊密不可分之關係。

活動內容與效益

透過情境式的學習，讓訓練效益不單單僅停留於當下，更要將其延伸至工作與生活面。因此活動首先透過攜帶式教具的課程設計幫助團隊快速成型，強化成員建立共識，再以密室逃脫激發創意思考，期許參與成員打破框架，以創意思考並啟發問題解決的多樣性，最後藉由定向活動譬喻真實人生情境：訂妥方向、選好路徑、達成目標，讓活動能導入工作與生活面，透過交流與對話形成教與學的共學組織文化。

活動的一開始，教練與團隊透過「國貿局 - 一家人」建立彼此默契與互動，更利用趣味的活動指令讓成員不斷打散，增進彼此的熟悉度，也唯有建立良好的團隊默契，方能強化團隊，而透過活動將成員隨機分組，我們運用共識歌活動讓每個小組後討論唱出我們的歌：必要條件是要有討論且每個人都會唱。一開始小組各唱各的調，教練引導同仁思考【我們】之定義，引導團隊打破建制重新思考，不只是找到我們的歌，更能深化「一家人」的內涵。

當團隊已初步成形，利用「風吹雨下」的活動，讓成員瞭解團隊裡個人的角色應因時制宜，調整當組織環境改變時，個人角色定位也要隨之改變，同時將看似個人戰的活動規則，卻在留下未規範的空間讓活動能轉化為團體策略，讓團隊相信我們比我更優秀，並將【一家人】的共識深植心中，真正的一家人並不會有人落單或是被懲罰，團隊成員應多關照彼此給予接納，再透過「蜥蜴拼圖」課程，讓團隊知道溝通與同理心可讓任務有效達成，平衡合作、競爭和衝突，三者並存，轉化為對組織最有利的局面。個人任務與團隊任務係可以相輔相成，有效的溝通將訊息轉化成可被接受與理解的方式並放下個人己見，才能降低衝突，化危機為轉機。

當團隊成形，並提升溝通能力後，教練搭配時下流行之密室遊戲引起參與者的興趣，在有限時間內透過團隊合作、洞察力、邏輯性，找到線索，進而逃脫成功完成任務，而受限於場地與人數，密室逃脫以不連續單獨謎題，同仁可自行分配組內人力解謎，所有線索皆於場地內，須發揮觀察力與判斷力找到正確線索，幫助團隊順利脫困進入下一活動定向挑戰。

以河灣度假村為起終點，活動範圍包含十分車站地區週邊環境，本次挑戰包含市場觀察家定向、市場挑戰賽兩項任務，團隊可就實際狀況討論出對小組最有利的挑戰方式。

一、市場觀察家定向：同仁找到手冊內目標物後，拍照上傳「十分定向」FB社團，經由總部評核列計分數。

二、市場挑戰賽：為加分任務，包含（一）十分國際化：找到外國人合影，並學習他國語言。（二）旅遊達人：錄製一分鐘介紹十分地區影片。（三）幸福洋溢夢想高飛：找到教練所在地，了解天燈由來，並繪製夢想天燈後施放。（四）十分火熱：與火車合影，同仁需把握每小時一班的火車，才可獲取分數。

定向目標物因距離遠近與難易度而有分數高低的差異，同仁須思考如何在有限的時間內完成定向點打卡蒐集，以累積較多的分數。

體驗教育訓練模式雖行之多年，但本次訓練將體驗教育精神發揮極致，體驗為課程設計元素，將衝突管理及策略運用等主題設計於活動中，透過遊戲方式進行讓同仁寓教於樂且不具參與壓力。安排同仁走出教室，以體驗取代知識講授課程，發揮同儕互助力量，讓溝通更具成效。本年度本局打破傳統訓練窠臼，藉由有趣的遊戲訓練發揮創意，透過引導與探索，發現自己的溝通模式，也學習傾聽其他人的意見，進而理解團隊合作的要領。

真實活動案例密室逃脫×定向越野

一、活動名稱：定向活動

二、操作內容：九十分鐘＋一百五十分鐘（密室逃脫配合活動時間調整）

（一）課程說明～說明實施方式

（二）密室逃脫～透過小組分工密室逃脫至戶外

（三）定向越野～設計地圖與關卡，結合社群網站互動元素，增加活動互動性

（四）凱旋歸來～通關返回

（五）問題分析與分享

（六）統整與回饋

三、器材配備：

參與人數：每組約三至五人

各組配備：每組一張地圖、任務手冊（答案卡）、及其他配合關卡設計變化之器材團體配備：密室謎題與提示、定向旗

四、活動操作過程的發現與反思連結：（含帶領中，學員反映、互動、話語及教練引導實務）

在密室逃脫時，你看到其他組別已經出發的當下，心情如何？

（一）你們是怎麼決定出發路線的？對於自己能夠拿下幾分有計畫與目標嗎？如果有，那你們是否達成目標？

（二）活動過程中有遇到什麼困難或阻礙嗎？你們是怎麼克服的？

（三）活動過程中，在身體和心理上你們有給予夥伴什麼形式的支持嗎？

（四）找到目標的當下心情如何？

（五）生活或工作上有沒有類似的目標是你想要努力達成或追求到的？如果有的話你是否有為自己設定如何達成的方向與方法？

第三章　探索教育面面觀

課程設計，就像拼組積木一樣，

需要觀察需求後，置入適合的大小及形狀的積木，才能不斷向上堆疊。

在探索活動中，我們喜歡運用許多不同的媒介工具，來引導討論及共鳴，

目的就是因爲需求者的背景、年齡、身心狀況不同，

所需要的刺激程度及引導方式不同，

採用不同的課程設計，期許達到因材施教的境界。

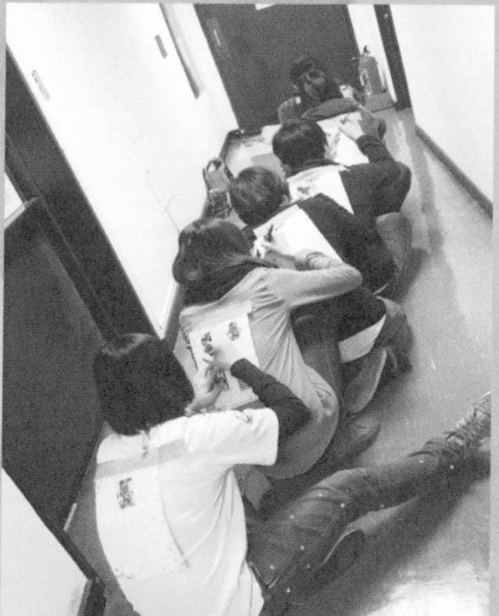

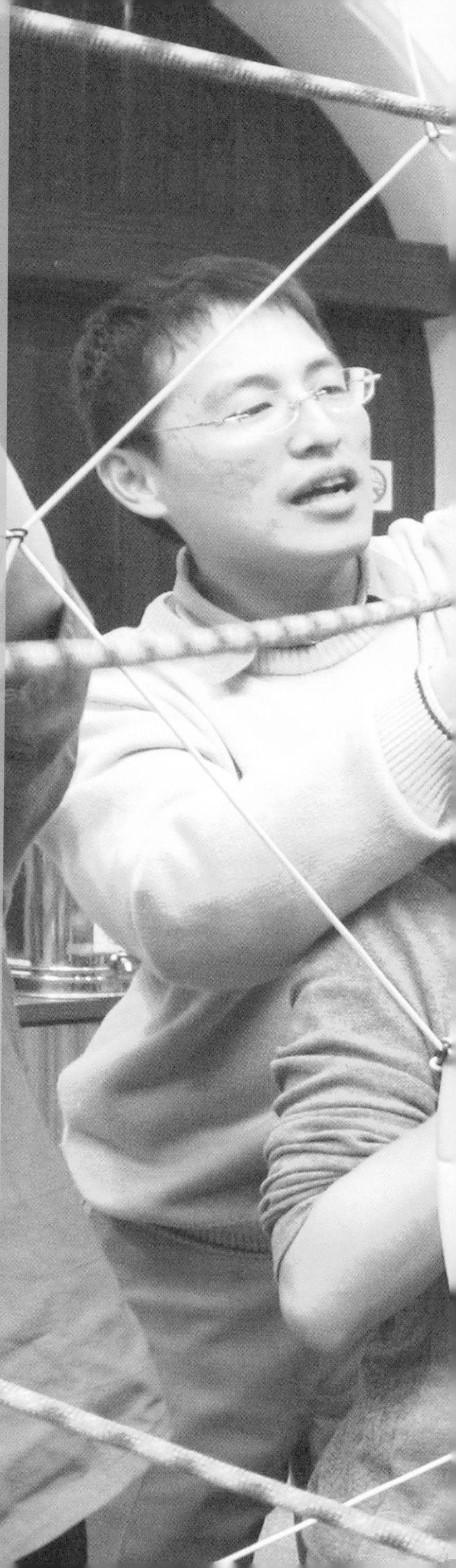

第一節 探索教育的哲學觀點

探索教育活動課程的最大效果，乃在於能使參與者達成經驗學習與行為改變的目標。參與者如何由活動中達成上述目標，是一個相當重要的歷程，我們將由以下兩個觀點來探討：

一、經驗學習(Experiential Learning)的觀點：

探索教育活動課程有下列幾個重要的步驟或要素，可使參與者得到經驗學習的效果。

(一)經驗：參與者於活動中學習到各種有利於行為改變的經驗，諸如：建立活動目標的經驗、促進自身行動的經驗、促進群體導向的經驗等。

(二)觀察：使參與者體會以經驗為主的學習，最佳方式就是親身體驗。並且從觀察團體及其他成員中，得到自我的啟示。

(三)類化：承繼上一個步驟，參與者可將觀察所得的成功經驗，類化到自己的經驗及行為，從而使自己得到改變自我的動機。

(四)應用：參與者被鼓勵將自己學得或觀察所得的成功經驗，實際運用到活動中，並由中得到自我肯定與成就。

以上的學習原理強調活動中經驗學習的歷程，特別是透過參與者親身體驗或觀察得到的成功經驗，經過類化及應用達成自我行為改變的動機及成果。

二、探索教育為主的諮商活動（Adventure-Based Counseling）的觀點：

以探索教育方式進行諮商活動，其目標有以下三點：

（一）協助參與者發展溝通技巧、自信心、信賴、尊重他人及解決問題的技巧。

（二）幫助參與者經驗參與不同活動而得到有效率團體合作的好處。

（三）將一般及接受特殊教育的學生混合在探索團體中，使平常都區分的兩個團體得以增進友誼及相互瞭解。

從以上三個目標，可以看出以探索教育為主的諮商活動，其歷程乃在透過探索教育活動，使參與者達到活動諮商的功效，進而解決情感及行為上的問題。

三、探索教育經驗學習的效益

綜合以上兩個觀點，探索教育的學習歷程能達成下列目的：

（一）提供參與者因應環境改變的技巧。

（二）教導參與者如何解決問題。

（三）提供參與者挑戰性及實際的學習經驗。

（四）符合參與者的個別需求。

（五）幫助學參與者學習如何與別人有效地溝通。

由於探索教育能達成以上的目的，因此在學校中可應用於班級管理、輔導活動、團體活動、體能活動及一般教學活動，可與學科課程的學習相輔相成，亦可在公司、機關組織中提升工作效能、達到團隊動能提升的功能。

第二節 探索教育的理論基礎

因為探索教育強調從具體經驗中的學習，在過程中認知、情感、社交、感官及靈性的全人投入，使得學習更能內化。而這幾個概念就已在探索教育領域中廣泛使用，且都帶有心理實體如何改變的理論意義，簡述以下五個相關學理供讀者參考如下：

一、做中學的教育哲學

杜威的名言「教育即生活。生活是經驗繼續不斷的重組和改造。」這也就是一個人能夠由學習而進步的意思。經驗要從實際活動中獲得。「經驗學習」是杜威哲學的核心概念，他在「經驗和教育」一書提到一個簡潔而強大的教育概念。杜威強調並非所有的經驗都具有教育價值，但真正的教育卻是從經驗學習所產生的。經驗學習是一個連續的概念，必須考慮以前的經驗、當前的經驗與後續的經驗發展，不斷地經過觀察、學習、類化與轉移，讓經驗形成一個循環的概念，而在貝登堡將軍推行童軍也強調「由做中學」的理念去學習童軍的技巧與教育的目的；同時在科漢的遠征是學習與外展學校理念，都是需要經由經驗的學習得到智慧與建立人格的教育，因此探索教育的經驗學習就是一種做中學的教育哲學。

二、經驗學習圈(The Experiential Learning Cycle)~體驗學習循環模式

經驗學習圈是體驗教育的主要理論架構，也是探索教育、冒險治療的主要學習模式。在不同階段許多學者皆提出經驗學習圈的不同看法與學習理論，在此僅就一九八四年科伯(Kolb)提出的四階段之經驗學習圈跟大家介紹：經驗學習的四步驟：（一）體驗（觀察）、（二）反省（討論）、（三）歸納、（四）應用（實習）

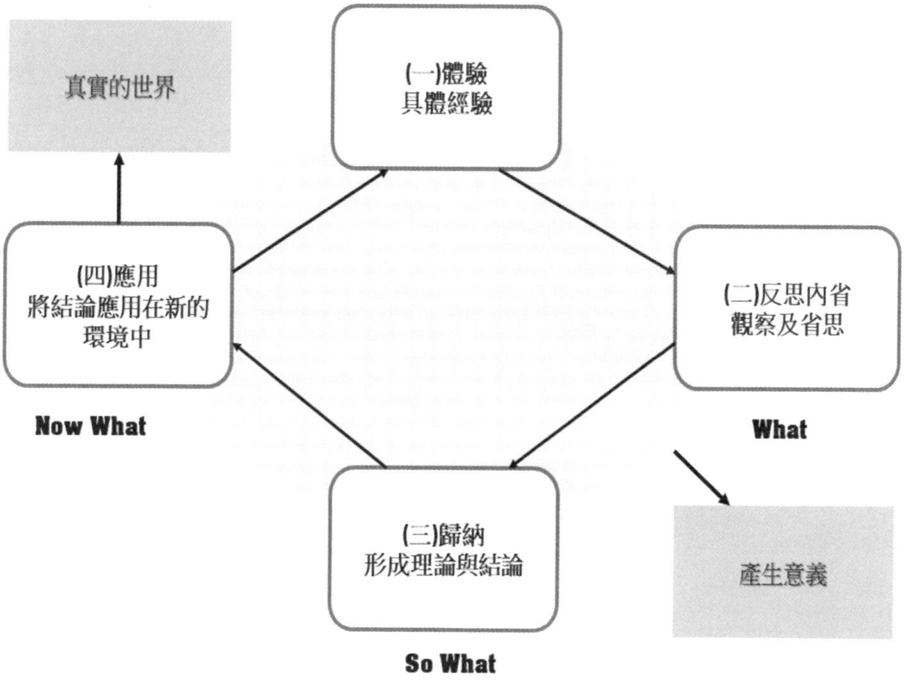

科伯 (Kolb，1984) 四階段的經驗學習圈

這四個階段是連續且隨時會發生，因此任何一個經驗產生不但是連續的，它也會影響未來的某一個經驗而形成一個循環（蔡居澤，2001）。

三、全方位價值契約 (Full Value Contract)

全方位價值契約是一種團體規範下所制定的一種彼此約定。契約中特別尊重參與者的公平性與體能、心靈的差異程度，並且在既有的學習目標中，為協助個人及團隊達成目標所制定的一種規範，這有別於權威式的契約規範制定模式，而是必須尊重每一位參與者的意見，經所有人同意並願意遵守所訂定的契約。

◎全方位價值契約的目標如下：

（一）共同約定確保團隊成員身體及心理的健康安全。

（二）共同約定齊力達成個人及團體的目標。

（三）共同約定真實且誠懇地分享與回饋。

（四）摒棄負面想法及感覺，積極地參與學習及成長過程，與他人間建立良好的互動關係。

（五）藉著鼓勵肯定，目標設立與達成，團隊討論商議，面對衝突的處理，使得團隊肯定了自我及他人價值，找出每個人的正面特質，進一步肯定團體及其中的學習經驗和學習契機。

◎全方位價值契約要求事項：

（一）出現(Show up)：將生活重心放在課程學習上，將任何會分心的人、事、物排除。

（二）專心(Pay attention)：將全部的注意力放在體驗及瞭解課程上，聆聽其他人說的話，對於個人的成長將會有很大的助益。

（三）說真心話(Speak the Truth)：每個人的感覺都是獨一無二的，誠實地說真心話，同時虛心的聆聽他人意見。

（四）開明的態度(Be open to outcomes)：即使對即將發生的學習經驗持有成見或心懷恐懼，試著放棄這些成見或恐懼，若不在課程結束前作任何斷章取義的評斷，在課程結束後，會發現自己在心智成長上有料想不到的驚人收穫。

（五）注意身體、情感上的安全(Attend to safety)：團隊中的每個人都有責任確保學習環境的安全無慮，不論在言語或肢體行為上都要注意與支持，給予伙伴最大的鼓勵與支持，他們也會給予同樣的回報。

四、選擇性挑戰(Challenge by Choice)~自發性挑戰

當在體驗活動過程中，基於全方位價值契約中尊重參與者的差異性，所有的參與者都有權利選擇何時參加以及參與的程度，但並不代表可以藉由選擇性挑戰的理由而從活動、團隊中消失離開，他可以退居一旁，選擇以觀察者或支持者的角色參與其中，在活動結束分享時，給予他的觀察與回饋，這種方式才是選擇性挑戰的意義。

◎自發性挑戰的定義：

（一）受訓者永遠有權利選擇何時參與活動及參與的程度，只要是個人覺得不適宜或不確定是否參與活動，他可以選擇在活動圈外當觀察員，但並不表示個人可以藉著「自發性選擇」的理由離開團體或者在活動中消失，只是尊重個人身體參與的意願。

（二）不論受訓者在觀察或參與，都應隨時提供經驗價值。

（三）受訓者絕對尊重團體中任何成員的決定，但個人也應以團體為重。

（四）嘗試一個困難任務的機會，並說明企圖心永遠比個人本領更重要。

五、團隊發展階段論

探索教育課程再設計與實施時必須評估團隊狀況選擇執行適合的課程，而在評估團隊狀況時，必須了解團隊發展的狀況，才能安排適切的課程。

布魯斯・塔克曼(Bruce Tuckman) 在一九七七年歸納出團隊發展階段（Stages of Team Development）模型，用來說明團隊構建與發展模式：

（一）形成期（Forming）：從團體到團隊前，所有成員開始建立共識、目標、凝聚共識、形成決策模式，讓團隊雛形漸漸形成，是這階段的狀況與描述。

（二）風暴期（Storming）：當團隊形成時，在面對任務與目標時，團隊成員為達目標彼此提供意見、意見相左、摩擦、溝通、整合形成團隊中的一個風暴就所謂的風暴期，本階段是團隊形成的必經之路，最大的考驗是衝突管理、問題解決與溝通整合，團隊的成敗也在這個階段。

（三）規範期(Norman)：

經過風暴期的磨合，團隊成員已經懂得溝通模式、衝突解決與決策形成模式，這時候團隊領導也逐漸形成，所有人目標與步伐趨於一致，跟著領導者決策面對挑戰逐一解決。

（四）成熟期（Performing）：

團隊在面臨各種挑戰都能逐一化解問題，團隊已趨於一個成熟團隊，在共識上、決策上都能快速形成並形成執行力，可以說是一個高績效團隊，但是若在團隊運作上沒有新的突破與發展，停留在舊有成功的經驗上，有可能在面對更大的變化與挑戰時，會遭受失敗而退回風暴期或直接導入結束期。

（五）結束期（Adjourning）：

本階段乃團隊任務結束時期，是團隊結束解散階段，該階段團隊成員可以享受成功的經驗與回憶，並將經驗帶回實際的工作與生活上，另一個意義就是若團隊有新成員加入或環境任務產生新的變化，團隊重新回到形成期、風暴期，也宣告原來的團隊結束，進入到新的團隊產生的狀況。

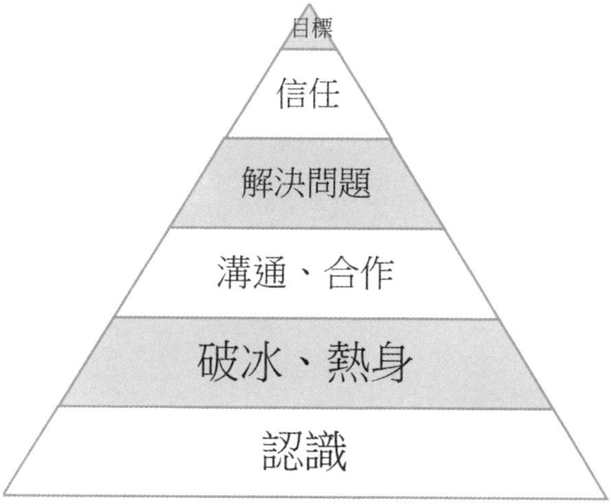

探索教育課程的安排進展與結構

第三節　探索教育課程形成要素

探索教育課程具有以下的特色與形成的要素：

一、冒險、不可預測性、戲劇性。
二、目標稍高，以激發潛能。
三、塑造一個成功的課程環境。
四、與隊員互相鼓勵、互相關心、打氣。
五、製造歡樂愉快的氣氛效果、自娛娛人。
六、摒棄傳統性個人解決問題方式，貢獻意見。
七、多元的參與、學習，更多答案未知性。
八、探索教育融合各種知識（學術文化、社會教育、EQ、團隊學習）。
九、結合主動參與學習，個人和團隊相互檢視及成長。
十、時間、經濟效益達到平衡。

第四節　團隊凝聚力評估 GRABBS

在帶領團隊時，除了要了解團隊發展歷程外，更需要評估團隊凝聚力後，知道團隊處於甚麼階段，才能依據團隊狀況安排適當的學習課程。在團隊凝聚力的評估，在此提出 GRABBS 模式（Schoel & Maizell,2002; Schoel,Prouty,& Radchille,1988）：

一、目標（Goals）：個人和團隊的目標是否一致?是否已達成共識?
二、團隊準備程度（Readiness）：團隊的能力及技巧極限在哪裡?團隊存在的行動動機是否強烈?及其程度?是否每個人都參與其中?

三、團隊受影響程度(Affect):團隊整體感?團隊中隊員互相關心與活動投入程度?信賴與支持程度?

四、整體行為表現(Behavior):團隊整體表現如何?意見是否一致?團隊中的互動是否良好?合作程度?

五、生理狀況(Body):團隊是否面臨某方面壓力?而身體上疲累是否會影響專心程度?周遭環境是否令人不舒服?

六、階段性的成長(Stage):團隊行為與個人行為表現是否持續在評估水平上?團隊整體認為凝聚力的成長在那個階段呢?

第五節 活動的目標設定原則 SMART 原則

若要感覺安全無慮,去做你本來就會的事;
若想要成長,那就要挑戰你能力的極限,
那就是暫時失去安全感。
所以當你不能確定自己在做什麼時,
起碼要知道,你正在成長。

洛克埃德溫(Edwin Locke,1960)提出的「目標設定理論」(goal setting theory),他提出明確的目標與適當的回饋可以激勵員工,也才能有足夠的動力驅動團隊朝著目標努力前進提高績效,並和蓋里萊瑟姆(Gary Latham,1990)進一步提出目標的設定要夠明確且難度適中，才能有助團隊績效的提升。因此提出目標設定原則的 SMART 原則：

S：明確（Specific）：一次一項、目標明確。

M：可測量的（Measurable）：在時間上、數量上均逐次進步。

A：可達成的（Achievable）：高標準、高期望但可達成的。

R：有相關性的（Relevant）：任何步驟、指令均與目標相關。

T：有連貫性的（Trackable）：一氣呵成的。

第六節 活動討論架構與規劃

探索教育中分享回饋是真正學習的重點與學習效果成敗的關鍵，在此謹提出帶領分享回饋（Debriefing）過程的六大要點：

◎帶領分享與回饋討論須知

一、解說詳細但切記簡潔有力：參與者明確的指出你對情況的反應或建議，針對最重要的部份分析而不是表面事物的討論。

二、引用「所見略同」的方法以縮減不必要的時間浪費，但倘若有其他相關或補充的部份，只要能提供一個新角度、新想法或有不同的解釋，就應盡其所能地表達出觀察心得。

三、注意時間上的限制：知道你不是唯一要說話的人，你有必要將討論的重點依重要性而有優先與否的順序排列。

◎回饋發展模式：

一、將學習的概念具體化。

階段	要點
What?	一、發生了什麼問題？
	二、這個問題曾經發生過嗎？
So What?	三、你滿意這種結果嗎？為什麼？
	四、在工作上有沒有類似的問題？情況相同嗎？
Now What?	五、這個活動讓你對自己有什麼認識？
	六、對於接下來的活動或你的工作，想要改進的地方有哪些？

引導員 3W 提問法

要點	問法
提出開放式問句	你覺得怎麼樣？ 有何感想？
注重學員的感覺	你有什感覺？大家現在有什麼感覺？ （用一句話來形容你們的感覺）
重述他們的感覺	“你們一定覺得鬆了一口氣”等等
引出學習重點 （每次只專注一個重點）	我們可以從當中學到什麼？
持續地觀察學員在言語及非言語上的反應行為	注意是否有疑惑、無趣、氣憤等等情形，留意正在談話中、寫作中及沒有寫作的學員
測試觀察反應度	其他人有什麼感覺？
適當的自我透露	我不明白，其他人明白嗎？
要求團隊提出總結	我們達成了哪些目標？
課程回顧	我們大致上做到了這些.........這樣子夠嗎？ 有什麼應該加入的？我錯過了什麼嗎？
注重對行為的觀察	他的哪些做法讓你有這種感覺？
更深入的探討	能不能多談一些？有什麼例子可作代表？
要求團隊提出自我診斷	這裡現在發生了什麼事？
診斷	大家是不是用搞笑的方式來迴避重點？

團隊引導問句範例

二、有效的回饋。

三、參與學員回饋的選擇方向。

四、若有需要，則提出問題要求回答。

五、切記回饋討論的重點是在學習者本身。

六、將意見和回饋重心限定在領導事物上。

◎在進行分享時可提出的範例問題：

第七節　探索教育的評鑑

探索教育課程的安排與成效評估具有一定的模式與軌跡，一般分成活動前、活動中及活動後：

一、活動前評估：

在課程設計安排前，會針對參與課程的單位、成員、成分進行活動前評估訪談，主要要了解參與者的需求、目標、成分比例、教育程度、個案問題、可安排時間、相關經驗、課程活動場地等，以利規劃安排相關課程。

二、形成性評鑑（過程中）：

（一）隨時對學員進行溫和的訪問。

（二）觀察學員的「目標設定海報」及「學員日記」。

（三）實際帶領過程進行觀察紀錄。

三、總結性評鑑（事後）：

（一）心理測驗：若前後測有顯著差異，則代表活動成功。

（二）滿意度調查問卷：結果性進行分析。

（三）成效評估報告：對成效做綜合評鑑並形成報告。

四、綜合評估的 APPLE 模式

規劃成功的探索教育體驗式學習活動應於活動前、中、後進行五個階段的分析，包括評估、計劃、準備、帶領、檢討等五階段，茲將內容敘述如下：。

（一）評估（Assess）

第一步是協助你收集團體有關的資料，回答以下的問題是有助於你在帶領時提供最好的經驗：

- 這個團體是誰？——什麼樣年齡與性別興趣的組合？他們是自願來參加還是被指派來參加的？他們想要來嗎？
- 什麼是他們想要完成的？——什麼是課程的目標？主辦單位的目標和參加者的目標是否一樣？這些目標是一致的還是對立的？你覺得你有完成這些目標的信心嗎？
- 有多少人參加？——這是一個十個或兩百人的團體？這樣團體的大小是否能讓目標真正被達成？
- 這課程有多長？——對達成目標而言時間是太短還是太長？同時你有沒有足夠的課程素材、遊戲、想法和實際的應用來完成此課程？
- 這課程在哪裡舉行？——室內或是戶外？你需要更大的空間嗎？如果天氣不好或人數過多，你是有備用的場地嗎？這個場地是否夠安全？
- 有無其他特別的考慮？——他們有無體驗學習的經驗？他們對即將進行的課程有什麼樣的認識或期待？

評估的方式有書面、訪談、問卷、態度調查。評估也可能發生在體驗活動進行中。如果發現不太切合實際需要時，就要進行評估。你愈能界定這個團體所需要的，你就愈能夠正確的預估使用哪種活動的型態。

（二）計劃（Plan）

規劃就是要你選擇所要使用的工具。你可以根據團隊所需要的活動設計相關的情境讓他們有更好的學習轉換到生活中。你可以回答下列的問題：

- 什麼活動能夠針對團隊所要學習的議題？
- 什麼樣的破冰活動可以建立共識與信任？
- 要使團隊打成一片需要多少活動？多少時間？
- 如果團隊中有人抗拒，你將如何處理？你會如何說？
- 學員是否能對這種動態的遊戲與問題解決有良好的回應？或是需要依據他們的年齡、能力甚至天候狀況做調整？
- 他們需要多少的資訊或想要從課程中獲得多少？
- 對於每一個活動你有多少時間？如何確保活動已經包括了你想要完成的每一件事情？
- 什麼樣的活動順序（執行架構）會產生最好的結果？
- 你要如何做結束？使用什麼樣的活動？
- 決定你要使用什麼引導、帶領風格會是最好的？

對於新的帶領者而言，可能需要更多的規劃，當你越來越熟練，你就會發現做計劃是很舒服的事，但是你必需要有一種意願與開放的想法，就是隨時能夠從已經準備好的順序架構中接受自發性的變換。

根據我們多年的經驗，比較好的方式是在課程的每個階段先用腦力激盪的方式想出一些活動，讓你能夠在無論發生什麼事情時都能有一些選擇。有關於規劃的三種想法你可以放在心上：

- 做好調整計劃的準備。有時候放棄你的計劃是你能夠有的最好計劃。
- 有趣（for fun）。課程中一定要放入趣味。如果你原先計劃的順序效果不佳時，就去做一些能帶來能量並引起興趣的活動。體驗學習的形式非常多，但所有最好的體驗都包含有趣這一項。有趣並不僅指遊戲，像影片欣賞、角色扮演討論、有創意的藝術品、行動劇及期刊文章，都能成功的拿來作為體驗學習的課程。記住，學員是不同的，根據不同的學員使用不同的技巧會讓你達成最好的效果。
- 規劃並不意味著你必須要使每一件事都變得嚴肅。對於不可預期的、調皮搗蛋的、突發的、計劃外的你都要用尊重的、正面的、欣賞的態度看待。所有的活動都根據體驗學習的精神而非根據制式化的計劃來回應。

（三）準備（Prepare）

準備不同於規劃。對許多帶領者而言，這個步驟能使他心安。不要想減少工作量就跳過它，準備階段包括：

- 逐一打包檢視你所需要或想使用的道具。
- 跟你的協同帶領者共同討論（如果有的話），確保彼此對計劃的熟悉了解。
- 如果可能的話先檢查一下場地，再決定活動的選擇是否適當，特別是安全考量。
- 充分的準備，在學員到達之前準備好一切要用的道具可以減少你帶領時的焦慮。

（四）帶領（Lead）

當一切準備好時就進入帶領的階段。這是一個緊要關頭。你不知道你會做得怎麼樣直到你到達並開始帶領。當你帶領，問你自己這樣的問題：「為什麼我做我現在正在做的事？你有答案嗎？它是好的答案嗎？」如果你的答案讓你滿意，那表示你的帶領很有道理，如果你的答案讓你高興，那表示你的帶領很有效率。帶領的關鍵是自我回應，注意發生了什麼事情，問你自己為什麼你正在做這樣的事，接著對你的觀察及你對問題的答案做出反應。成功帶領有賴於有效的自我回應。實際而言，帶領包括：

- 創造適當的場景來強調活動的學習潛能。
- 說明活動規則及監督有無違規。
- 觀察團隊如何達成任務以及他們進步的幅度。
- 決定是否需要介入，決定何時及如何介入以支持團隊的成長。
- 對活動進行回饋分享以使成員能夠彼此分享經驗有所學習。

（五）檢討（Evaluate）

檢討分為課中帶領的檢討和課後的檢討。檢討可以指出你經常做的行為。觀察團隊檢核他們的行為與團隊發展歷程，分析這些行為來決定是否需要調整活動的內容，及進一步提供適當的挑戰與引導討論。課後的檢討可以對剛剛的帶領有檢討自省的機會，對一個帶領者而言，這部分的反思對個人的成長很有幫助。

<table>
<tr><th colspan="2">第一步：預備期</th><th>第二步：帶領期</th><th colspan="2">第三步：評定期</th></tr>
<tr><td>預估分析</td><td>1.他們是誰？
2.界定課程目的。
3.邏輯的合理性：
a.時間。
b.人物。
c.地點。
4.依據 GRABBSS 原則判斷團隊凝聚力階段。</td><td rowspan="3">1.邀請，但不強迫。
2.情境設定。
a.信任建立。
b.讓參與者感到舒服自在。
c.塑造適當行為模式。
3.帶領風格。
a.清楚簡單。
b.表現熱忱。
c.利用幽默與影響力。
d.溝通態度：聆聽與反應。
4.提供適當的挑戰。
5.具有創造力。
6.實驗與創造風險承擔。
7.問自己：為何做這件事？給自己一個好答案。
8.準備好改變你的計畫。
9.觀察和聆聽。
10.要好玩有趣。</td><td rowspan="2">在課程活動中</td><td rowspan="2">1.檢視團隊並根據 GRABBSS 原則調整課程內容。
2.適時提出分享與回饋。
a.團隊準備好了嗎？
b.討論身心是否造成安全感。
c.鎖定 1~2 個主題。
d.問「怎樣」、「又怎樣」、「現在要怎樣」。
e.反應－根據團隊狀況。</td></tr>
<tr><td>計畫</td><td>1.什麼可行。
2.什麼好玩有趣。
3.是否合乎目標。
4.活動的程序。
a.從什麼活動開始？
b.破冰遊戲需要多少時間？
c.每個活動費時多少？
d.如何包裝呈現活動？
e.他們應該自你這裡得到何資訊？</td></tr>
<tr><td>準備</td><td>1.準備所有道具和所需物品。
2.與所有領導者一起準備。
3.有備份活動計畫。
4.檢查活動場地。</td><td>課程之後</td><td>1.什麼有效？
2.什麼會運作的更有效？
3.下次你會做出什麼不同的？</td></tr>
</table>

綜合評估的 APPLE 模式

第四章　探索教育好工具

欲先善其事，必先利其器。

這是擁有一個好工具，勝過十年功的時代，

學習並開發出屬於個人的工具，是智慧與經驗的結晶，

讓我們先模仿再創新，研發出具魅力的教育。

探索教育好工具

廖啟豪

本章分享兩個在課程準備及執行上十分有效的工具，為一、課程需求調查表、二、角色樹，分述如下：

一、課程需求調查表

在課程規劃前，我們需要瞭解客戶或者組織的需求，希望能在提出企劃前，能夠確切的知道需求單位的狀態，包含本次受訓對象基本資料（年齡分佈、男女比、職務級別、年資等）、是否曾經舉辦或參加過探索教育的課程、本次研習的主題、組織年度願景或目標、辦理形式等等，這些資訊都能夠讓課程企劃者，迅速地找到課程目標，並根據課程目標來撰寫適合的企劃內容，再與客戶／組織討論，針對教育訓練的核心價值進行對焦，進而研議如何施行，建立辦理訓練工作人員的默契與共同語言，讓課程效益最大化，達到辦理教育訓練三贏（參與者、辦訓者、組織）的目標。

1. 客戶提出需求（電話、網頁、口耳相傳等）
2. 業務人員確認基本需求、留下聯絡資訊、提供課程需求調查表
3. 客戶確認參訓者基本資料後，回傳給業務人員
4. 企劃人員針對公司需求現況，撰寫企劃書，繳交提案資料
5. 客戶收到提案資料，安排見面訪談時間
6. 業務人員正式拜訪面談，確認訓練核心價值及辦理訪視，Case Get!

您的需求，就是我們對自己的要求！
團隊鏈企管 體驗教育的推動者、領航者、創新者！

團隊鏈企管顧問公司＿＿＿＿＿課程訓練需求問卷調查表

為求訓練有效與符合需求，敬請依實際情況詳實填寫，俾便課程活動的設計安排，謝謝！

一、參加人員性別：男＿＿＿＿%、女＿＿＿＿%

二、參加人員職別：主管職＿＿＿＿人、儲備幹部＿＿＿＿人、基層同仁＿＿＿＿人，共＿＿人

三、參加人員學歷：專科畢業＿＿＿%、大學學歷＿＿＿＿%、研究所以上＿＿＿＿%

四、參加人員年齡：20~30 歲＿＿＿%、30~40 歲＿＿＿%、40~50 歲＿＿＿＿%、50~60 歲＿＿＿＿%

五、參加人員年資：1~2 年＿＿＿＿%、3~5 年＿＿＿＿%、5~7 年＿＿＿＿%、8 年以上＿＿＿＿%

◎以下問項請打☑

六、參加人員是否曾參加類似的探索教育體驗式學習課程及活動：

□有，＿＿次　□沒有，專業性講授型課程為多

曾經參加過的活動是：

七、參加人員彼此熟悉度：

□很熟識　□普通　□不熟識　□毫無認識

八、貴單位本次訓練目標或研習主題為何？

□團隊建立與發展(建議第 1 次辦理採用)　□團隊目標與自我挑戰(建議參加過團隊建立)

□團隊領導與衝突處理(建議第 3 次以上再行操作本課程，目標為深化工作價值議題討論)

□其他議題：

九、貴單位年度的願景或主要目標為何？

十、貴單位希望本次訓練課程後能讓參加人員運用於那些工作層面？

十一、貴單位期待以何種形式辦理本次訓練專案？

□單日課程(六小時以上)　□兩天一夜　□三天兩夜　□其他＿＿＿＿＿＿＿＿

十二、貴單位對本次活動有無特殊需求或應注意的事情（學員特殊狀況）？

十三、貴單位本課程聯絡人：

您的姓名：　電話：02-27217166#391　手機：　信箱：

◎煩請填寫完成後 E-MAIL:TC@cyc.tw 或傳真 02-2596-5796，會由團隊鏈專案經理盡快與您聯繫！

二、角色樹

世界是一個舞台，所有的男男女女不過是一些演員，他們都有下場的時候，也都有上場的時候。一個人的一生中扮演著好幾個角色。

From 莎士比亞

角色樹是一個非常好用的工具，在探索教育中，我們強調個人與團隊的關聯性，每個人在工作、生活、團隊活動中，扮演者許多不一樣的角色，需要轉換不同的態度來面對人生中的挑戰，此時，個人的「自我覺察」能力，就顯得非常重要．張氏心理學辭典將自我覺察（self-awareness）界定為「個人對自己個性、能力、慾望等方面的瞭解」。林萬億老師（臺灣大學社工系）在當代社會工作一書中說，自我覺察（Self-awareness）係指社會工作者本身對自己的情緒與行為之覺察。

而自我覺察對我們的好處是什麼呢?可以幫助我們更感受自己的身心靈狀態，與自我開始學習如何對話，慢慢的去改正自己某些習慣或想法，更貼近個人內心所想，做真正想做的事情。

這個工具施作的時機點，可以在活動剛開始，了解學員在組織或生活中扮演的角色；或者是在活動中，檢視每個人在團隊中參與的狀態，並討論之；在最後的反思與討論中，檢視是否參與的角色有無改變，為什麼?未來，成員想成為什麼樣的角色，為什麼?

覺察給予我們的好處，不僅於此，

◎覺察，是為了消化自己的情緒。

◎情緒的來源，是最好的解藥。

phone

◎當你願意回頭去看自己的傷口，給予不同的解釋，傷口就不疼了。

綜合上文所述，角色樹不只是可以應用在探索教育的領域中、輔導、心理層面的領域都可以使用，好的工具在於其多元性的應用，並給予帶領者與被帶領者豐富的收穫。

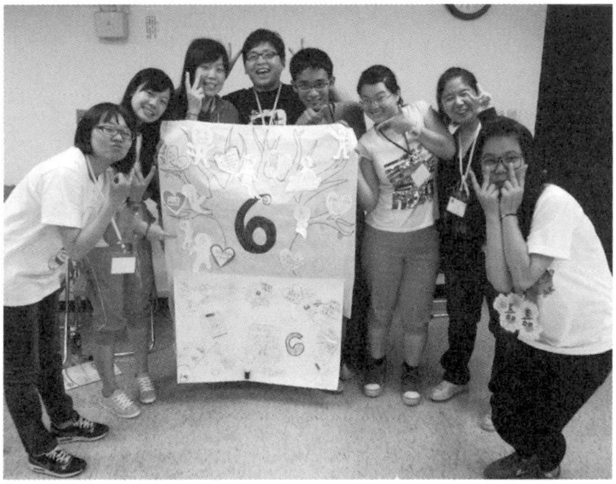

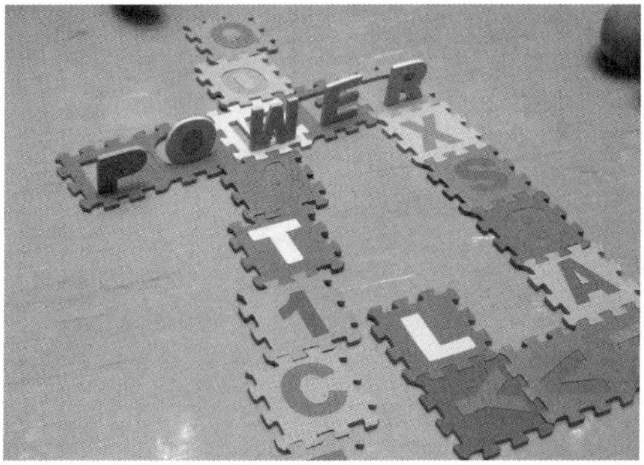

第五章　探索教育現在及未來發展

受人滴水恩，必當湧泉報，

因爲人們從探索教育的視野所看見新的事物，

除了幫助自我身的學習，更應該去把正確的知識、善良的價值觀傳遞出去，

去相信世界會變得更好，而探索教育工作者的存在，

正是因爲我們相信這個價值。並共同朝此目標前進。

探索教育現在及未來發展

臺灣從美國引進探索教育近二十年，這股翻轉舊有的學習模式的浪潮正在臺灣由北而南的在各地蓬勃發展著，從早期引進的 PA 到 AE、OB、EL 等，各種探索教育單元課程不斷的發展進化，如搶救酷斯拉、桂河大橋、全力以赴一級方程式（Flat Out Formula One）、自力造筏、獨木舟造舟計畫到服務學習體驗等，可以窺見從模擬的設計遊戲課程，慢慢走進真實的環境與挑戰，又如磐石領袖協會透過服務學習與真實體驗教育的精神，營造「Learning by doing on reflection with giving and sharing」的學習環境，透過有意義的服務行動，自費到尼泊爾做服務等，發現現在年輕人的服務觀，已不是做做而已的體驗，而是需要做有意義的事、有成就感的事而且是能感動生命的事。

第一節　反思與改變

臺灣的活動帶領是從童軍教育與救國團團康活動發展開始的，而團康活動帶領已成為一種顯學，把戲人人會，巧妙各不同，但是探索教育不僅是帶活動而已，在活動結束後的引導反思到學習改變，跟著經驗學習圈的運轉，學習成效才會呈現，而引導反思卻是最難學習的一環，在臺灣探索教育的發展演進中，也發現的一些問題：

一、探索教育團康化、設施教材分站闖關化，只有競賽沒有反思。

二、只注重體驗沒有引導反思，造成一時激情卻未能見到轉移或隱喻的成效及延續性。

三、以探索教育介入冒險輔助治療的方案，常因未能有效地追蹤，僅達有限的成效。

四、探索教育學習者一味追求學習新的活動而未耕耘精進引導技巧。

五、引導師缺乏戶外活動領導的技能。

六、引進學校班級，常因班級人數問題無法以小團隊方式帶領。

誠如蔡居澤教授所說：「就發展而言，臺灣剛好與美國顛倒，美國是先有OB，然後才有PA；臺灣是先引進PA，後來才成立OB。因為臺灣一開始就是以遊戲吸引著大家，然後後來發現遊戲大家都玩膩了，於是開始用戶外活動做為PA的進階，因為PA其實就是平面遊戲和繩索課程，OB其實是比較有變化。其實活動有一個缺點，就是你只要玩過了，興趣就沒那麼大了，可是戶外冒險活動是千變萬化的，今天在臺北攀岩和在高雄攀岩，雖同樣都是攀岩，可是它是不一樣的。」體驗教育本來就是從大自然的探索、冒險慢慢改良成繩索與室內遊戲課程，但這些變化與挑戰有限，而大自然的變化萬千，體驗教育終究還是又回歸走入大自然環境的探索與冒險，而美國的探索教育也因影響成效良好，也發展至冒險治療、原野治療到綠色照護的自然療癒部分的運用。

第二節　創意、融合、體驗、做中學

探索教育的未來可以就下面兩的觀點方向來發展：

一、從探索教育多元模式發展觀點：

探索教育的多樣發展更可從身邊的生活元素開始著手，以回歸原始自然的生活體驗模式達到學習成長的效果，如從農工生活的田野開墾種植、礦坑採礦、掏金到服務業的角色扮演、休閒自然體驗的各種模式融入活動、課程與營隊，從中體驗進而學習改變，因此未來探索教育發展將是以「創意、融合、體驗、做中學」主軸來發展。

二、從探索教育關注觀點：

探索教育關注自我關係（intrapersonal）、群我關係（interpersonal）、環境關係（envirionmental relation）的三個方面觀點，臺灣已在自我與人我關係發展到一定程度，未來將繼續朝著人際關係：人與社區、社會之間關係方面的服務學習及環境關係的自然體驗、綠色照護方向發展，也正呼應了十二年國教的溝通互動及社會參與的核心素養。

臺灣發展服務學習與體驗學習的精神與概念是相同的，到異地、偏鄉、國外去服務學習的概念與科漢的遠征式學習的理念是不謀而合的。

為鼓勵教育創新與實驗，臺灣二〇一四年通過了實驗教育三法，全面衝擊現有的教育體制讓孩子為「自己而學，為未來而學」，實驗教育的四大體系：公辦公營、華德福、蒙特梭利、民主學校（全人中學）也讓未來實驗教育之發展也將越趨多元發展，而探索教育的學習就是一種從發覺到自覺的概念，學習的動力是需要引發學童的興趣才會有下一步跟著經驗學習的驅動產生循環。

由美國 OB 所發起做為配合美國教育改革用在學校教育的 ELOB 計畫，我們稱為遠征式學習學校（Expeditionary Learning Schools，簡稱 ELS）。但是國人對於「遠征」這兩個字，就如同要出去「冒險」一樣會讓家長怯步，所以這樣的概念還在推廣中，透過 ELOB 學員有機會學到學科以外的生活能力，這也是目前臺灣教育需要加強這種帶著走的能力的部分。

在兩岸四地的華人體驗教育會議中，發現各地對探索教育的發展蓬勃快速，大陸也非常積極吸取經驗，甚至於在福建、廣東教育主管當局也將校外教育素質拓展列入了正規教育中，雖然臺灣十二年國教將戶外教育列入課程設計與發展項目之中，因此戶外領導人才也將是未來需求的重點，在此針對探索教育現在及未來提出幾個發展的方向：

一、發展單位專長特色的體驗式教育。

二、訓練、推廣臺灣教師發展學習探索教育應用到教育教學上。

三、協助臺灣的實驗教育發展。

四、支持 Design For Change(DFC) 全球孩童創意行動挑戰的發展。

五、開辦 ELOB 遠征式學習學校的營隊模式。

六、冒險治療介入的體驗式探索教育活動。

七、積極培育戶外活動指導員。

其實在推廣探索教育的初期，我們一直很在意探索教育的本質與型態，一直建立市場壁壘，不斷的劃清界線與區隔甚麼是探索教育、甚麼不是探索教育？但是在體驗教育中不是不斷的強調學習者才是主角嗎？體驗後的感受在於體驗者本身，因此我們可以做的事，就是張開雙手、打開心胸，讓各種體驗的機會與元素都成為我們的題材，只要我們建立專業化，戮力於品質的提昇、師資的提升，加上更多的學術支持，這都是我們共同要去努力的，也才是我們探索教育推廣的本意，當你實際接觸過探索教育的本質與體驗到引導反思過後的隱喻轉移成效後，你就可以知道真正探索教育的神奇力量在那兒了，將這樣的感受分享給其他人，你也將會成為探索教育推廣的一份子了。

參考文獻

一、蔡居澤、廖炳煌（2000），救國團探索教育參考教材（內部教材）。救國團總團部社會處。

二、謝智謀、王怡婷（1993）。體驗教育—帶領內省指導手冊。臺北市：幼獅文化公司。

三、Veda Beck-Ford & Roy I. Brown 著，顏妙桂等譯（2004）。休閒教育訓練手冊。臺北市：幼獅文化公司。

四、Dale Hunter、Anne Bailey、Bill taylor，黃若予（譯）(2004)，有效的團隊引導。臺北市：幼獅文化公司。

五、吳漢明、鄭瑞隆、盧仲文（2005），探索教育活動安全管理。臺北市：幼獅文化公司。

六、蔡炳綱、吳漢明（2005）。玩好團隊－探索體驗活動。臺北市：幼獅文化公司。

七、Steven Simposon、Dan Miller、Buzz Bocher，任景昱、吳佩玲等譯（2013），反思之鋒－精進體驗教育反思技巧指南。臺北市：幼獅文化公司。

國家圖書館出版品預行編目 (CIP) 資料

發現探索力 ： 多元探索課程 x 活動應用實務 / 中國青年救國團編著 . -- 初版 . -- 臺北市 : 幼獅 , 2017.10
面 ； 公分
ISBN 978-986-449-096-7(平裝)

1. 中國青年救國團 2. 探索教育 3. 活動課程

546.85 106019053

發現探索力 - 多元探索課程 x 活動應用實務

編著者：中國青年救國團
總策畫：中國青年救國團活動處 探索教育中心
審　訂：黃正旭、王群元、朱麗葉、廖啟豪
出版者：幼獅文化事業股份有限公司
發行人：李鍾桂
總經理：王華金
地　址：10468 臺北市中山區民權東路二段 69 號
電　話：(02)2596-5858
傳　真：(02)2596-5796

印　刷：錦龍印刷實業股份有限公司
定　價：380 元
人民幣：100 元
港　幣：120 元
初　版：2017.10
書　號：916109

幼獅樂讀網
http://www.youth.com.tw
e-mail：customer@youth.com.tw
幼獅購物網
http://shopping.youth.com.tw

行政院新聞局核准登記證局版臺業字第 0143 號

Team Chain

我們永遠都不能停止探索，如果我們的探索會有終點，那也會是我們下一次探索的開端，去首次認識我們未知的所在 .-- T.S。艾略特

We shall not cease from exploration, and the end of all our exploring will be to arrive where we started and know the place for the first time. -T. S. Eliot